财会主干课程系列教材

基础会计习题集

(第三版)

主编 徐金仙 陈 引

立信会计出版社
LIXIN ACCOUNTING PUBLISHING HOUSE

图书在版编目(CIP)数据

基础会计习题集 / 徐金仙,陈引主编．—3版．—上海：立信会计出版社,2014.2(2023.8 重印)
财会主干课程系列教材
ISBN 978-7-5429-4093-3

Ⅰ．①基⋯ Ⅱ．①徐⋯ ②陈⋯ Ⅲ．①会计学—高等学校—习题集 Ⅳ．①F230-44

中国版本图书馆 CIP 数据核字(2014)第 018406 号

责任编辑　　赵志梅
封面设计　　周崇文

基础会计习题集(第三版)

Jichu Kuaiji Xitiji

出版发行	立信会计出版社			
地　　址	上海市中山西路 2230 号	邮政编码	200235	
电　　话	(021)64411389	传　真	(021)64411325	
网　　址	www.lixinaph.com	电子邮箱	lixinaph2019@126.com	
网上书店	http://lixin.jd.com	http://lxkjcbs.tmall.com		
经　　销	各地新华书店			
印　　刷	常熟市华顺印刷有限公司			
开　　本	850 毫米×1 168 毫米	1/32		
印　　张	8.25			
字　　数	200 千字			
版　　次	2014 年 2 月第 3 版			
印　　次	2023 年 8 月第 8 次			
书　　号	ISBN 978-7-5429-4093-3/F			
定　　价	28.00 元			

如有印订差错　请与本社联系调换

编写说明

为配合重新编写的《基础会计》(第三版,徐金仙、陈引主编)教材的教学,更好地帮助学生学习、领会、掌握基础会计的基本概念和基本核算方法,达到巩固提高的目的,我们在原来《基础会计习题集》(立信会计出版社 2007 年版)的基础上,根据《基础会计》(第三版)的体系及内容,吸收了其他同行教材教辅的长处,重新进行了编写。本习题集呈现以下两大特点:

其一,对应教材的体系,每章内容由"复习思路"、"基本概念"和"练习题"三个部分组成,新增"复习思路"和"基本概念",目的是让学生在每章内容学习之后、做练习题之前,能够先按照复习思路把该章内容复习一遍,在掌握了该章应掌握的基本概念后,再独立做练习题,便于养成良好的学习习惯。

其二,以新《企业会计准则》和《企业会计准则——应用指南》为依据,对每章内容进行梳理,尤其是对原有与新准则体系不符的概念及核算方法进行了删除。为了帮助会计初学者拓展思维和激发学习会计的兴趣,保留了与会计初学者所掌握的基础会计知识和实践知识同步的案例。同时,为了便于学生的复习与自学,大部分练习题都附有参考答案。希望学生在自觉、独立完成练习题后,再对照答案查找错误,以便核实自己的学习效果。千万不要边看参考答案边做题目,那样,将会事倍功半。

本习题集由浙江工商大学财务与会计学院徐金仙、陈引担任主编。具体分工如下:第一、第五、第九章由陈引编写;第六、第七、第八章由胡霞编写;第二、第三、第四章由徐金仙编写。

编写过程中难免会有疏误之处,恳请读者批评指正。

编 者

2014 年 1 月

目　　录

第一章　绪论 ·· 1
　　复习思路 ·· 1
　　基本概念 ·· 1
　　练习题 ·· 2

第二章　账户与复式记账 ·· 13
　　复习思路 ··· 13
　　基本概念 ··· 13
　　练习题 ··· 13

第三章　企业主要业务的会计核算——以制造业为例 ········ 27
　　复习思路 ··· 27
　　基本概念 ··· 28
　　练习题 ··· 28

第四章　账户的分类 ·· 63
　　复习思路 ··· 63
　　基本概念 ··· 63
　　练习题 ··· 63

第五章　会计凭证 ·· 73
　　复习思路 ··· 73
　　基本概念 ··· 73
　　练习题 ··· 73

第六章　会计账簿 ····· 85
复习思路 ····· 85
基本概念 ····· 85
练习题 ····· 85

第七章　财产清查 ····· 104
复习思路 ····· 104
基本概念 ····· 104
练习题 ····· 104

第八章　财务会计报告 ····· 119
复习思路 ····· 119
基本概念 ····· 119
练习题 ····· 119

第九章　企业会计循环和账务处理程序 ····· 134
复习思路 ····· 134
基本概念 ····· 134
练习题 ····· 135

案例 ····· 164

练习题参考答案 ····· 174
第一章　绪论 ····· 174
第二章　账户与复式记账 ····· 176
第三章　企业主要业务的会计核算——以制造业为例 ····· 182
第四章　账户的分类 ····· 204
第五章　会计凭证 ····· 208
第六章　会计账簿 ····· 212
第七章　财产清查 ····· 222
第八章　财务会计报告 ····· 228
第九章　企业会计循环和账务处理程序 ····· 234
案例 ····· 246

第一章 绪 论

复习思路

本章是"基础会计"课程的基本理论,掌握好了本章内容,好比具备了入门的钥匙。因此,本章的学习不仅需要同学们课堂认真听讲,理解老师讲解的内容,而且需要同学们课后理解以消化课堂上讲的概念、历史及背景资料。所以,本章内容比较多,理论性强,老师布置的自学参考资料也相对多。

在本章的复习中,首先,必须了解会计的产生与发展,以理解会计在整个历史长河中对生产与管理的发展所起的作用,从而为理解会计的职能、对象及目标,掌握会计的概念打好扎实的基础。

其次,必须按照会计概念的内容,掌握其会计职能、对象、目标、计量、确认、披露及列报等一系列概念的内涵及意义。

最后,从概念框架的角度,学习与理解会计的基本原则,以掌握未来会计核算方法学习中的基本规范及准则。

基本概念

会计管理活动论 会计信息系统论 复式记账法 单式记账法 会计职能 会计对象 会计对象要素 会计目标 会计计量 会计确认 会计披露/列报 历史成本 重置成本 可变现净值 现值 公允价值 会计主体假设 持续经营假设 会计分期假设 货币计量假设 客观性原则 可比性原则 相关性原则 实质重

· 1 ·

于形式原则　重要性原则　明晰性原则　谨慎性原则　及时性原则

练 习 题

一、填空题(在每小题中的横线内填入正确答案)

1. "基础会计"是介绍会计的_____的课程。

2. 在_____多年以前的中国奴隶主王朝——周朝,奴隶主曾设置_____一职,负责对每月生活物资的记录与汇总事宜,并进行财物的管理。

3. 意大利数学家卢卡·巴其阿勒(Luca Pacioli)在_____一书中,曾系统地介绍了复式记账方法。

4. _____年,世界第一个会计师协会——_____的成立是会计从私人(企业)核算领域向公共领域发展的重要标志。

5. 现代会计阶段的重要特点可归纳为:计算机代替了手工记账;_____成为会计的两个重要的分支。

6. 会计对象就是_____过程。

7. 所谓职能是指_____,会计的基本职能是_____。

8. 会计人员身处经济工作的最前沿,其监督具有最直接的特征,包括对_____、_____及_____的监督。

9. 对大中型企业来说,可以设置_____岗位,国有或国有资产占控股地位或主导地位的大中型企业必须设置总会计师,以统管财务会计工作。

10. 企业会计人员从事的工作主要包括_____,_____,_____,_____等方面。

11. 会计法、_____、_____等法规、制度是会计规范的主要表现形式。

12. 会计核算的基本前提包括_____、_____、_____和_____。

13. 我国的会计准则包括_____和_____。

14. 会计人员的职责主要包括_____、_____、_____、_____、_____和自觉参加在职继续教育,不断提高思想与业务素质、提高会计工作水平。

15. 会计原则中用来指导会计要素确认和计量的原则主要有_____、_____、_____、_____、_____。

16. 重要性原则权责发生制有两方面的含义:一方面是_____,即将收入与其相对应的成本相配比;另一方面是_____,即将同一期间的收入与同一期间相应的成本、费用及税金相配比。

二、单项选择题(在备选答案中选取一个最佳答案)

1. 会计的产生与发展是为了满足( )发展的需要。
　　A. 科技进步　　　　　B. 生产与管理
　　C. 政治改革　　　　　D. 军事

2. 作为会计对象主体的"一定单位"必须是会计工作为其服务的( )。
　　A. 特定单位或组织　　B. 个人
　　C. 集体　　　　　　　D. 国家

3. ( )是具有民事权利能力和民事行为能力,依法独立享有民事权利和承担民事义务的组织。
　　A. 自然人　　　　　　B. 会计主体
　　C. 合伙人　　　　　　D. 法人

4. 所谓的( )是指根据一定的判断标准,在经济业务发生或完成后,判断该业务进入会计信息系统的时间,具体的项目及报告体系。
　　A. 会计记录　　　　　B. 会计确认

C. 会计计量　　　　　D. 会计报告

5. 当会计人员被会计中介机构,主要是会计师事务所或审计事务所或税务师事务所雇佣,从事咨询、查账、鉴证或其他会计服务,被称为(　　)人员。

A. 企业会计　　　　　B. 私人会计
C. 公共会计　　　　　D. 国家会计

6. 正因为企业会计人员的努力工作,才能确保企业的生产经营活动的顺利进行。为此,有人将会计人员比喻为(　　)。

A. 经济卫士　　　　　B. 审计人员
C. 保安人员　　　　　D. 管理人员

7. 从事企业会计的人员必须取得(　　),该资格证书由各级财政部门负责发放,该证书是证明能够从事会计工作的唯一合法凭证,一经取得,在全国范围内有效。

A. 会计从业资格证书　　B. 审计从业资格证书
C. 证券从业资格证书　　D. 投资从业资格证书

8. 国有或国有资产占控股地位或主导地位的大中型企业必须设置(　　),以统管财务会计工作。

A. 会计人员　　　　　B. 主任会计师
C. 注册会计师　　　　D. 总会计师

9. 我国的会计年度为(　　)。

A. 日历年度　　　　　B. 经营年度
C. 预算年度　　　　　D. 9个月

10. 当期发生的收益应计入当期损益,遵循的会计原则是(　　)。

A. 配比原则　　　　　B. 权责发生制
C. 谨慎原则　　　　　D. 重要性原则

11. 可以预计可能发生的损失和费用是(　　)的要求。

A. 可比原则　　　　　B. 权责发生制

C. 谨慎原则　　　　　　D. 重要性原则

12. 下列不属于会计基本前提的是（　　）。
   A. 会计主体　　　　　　B. 会计分期
   C. 权责发生制　　　　　D. 持续经营

13. 会计人员对不真实、不合法的原始凭证（　　）。
   A. 不予受理　　　　　　B. 予以退回
   C. 更正补充　　　　　　D. 无权自行处理

14. 会计准则分为（　　）。
   A. 宏观准则和微观准则　　B. 基本准则和具体准则
   C. 会计准则和财务通则　　D. 收入准则和费用准则

15. 当前我国会计法规制度体系的第一层次是（　　）。
   A. 会计法　　　　　　　B. 企业会计准则
   C. 企业会计制度　　　　D. 各大行业会计制度

16. 在企业会计核算基本前提中，（　　）前提为确定历史成本原则、可比性原则提供了条件。
   A. 会计主体　　　　　　B. 会计分期
   C. 货币计量　　　　　　D. 持续经营

三、多项选择题（下列各题，有两个或两个以上符合题意的正确答案，请将正确答案填入括号内）

1. 非企业法人，包括（　）、（　）、（　）和（　）等非营利机构。
   A. 机关　　　　　　　　B. 事业单位
   C. 社会团体法人　　　　D. 基金会
   E. 公司

2. 会计反映的职能是指通过（　）、（　）、（　）与（　）等程序与方法，反映客观的经济活动或资金运动的情况，以提供财务及其他相关的经济信息。
   A. 监督　　　　　　　　B. 确认

C. 计量　　　　　　　　D. 记录
   E. 报告

3. 会计确认的重要前提是(　)、(　)的假设。
   A. 持续经营　　　　　　B. 会计分期
   C. 货币计量　　　　　　D. 会计主体
   E. 法律主体

4. 计量属性是指会计计量中所采用的价值标准,该标准可以是成本计量,即(　)、(　)及现行成本,也可以是售价计量,即(　)、(　)。
   A. 历史成本　　　　　　B. 重置成本
   C. 过去售价　　　　　　D. 现行售价
   E. 未来现金流量

5. 所谓会计监督的职能是指会计以国家的(　)、(　)、(　)及企业的(　)、(　)等为依据,监督管理各方认真执行计划与预算,以确保会计核算主体的经济业务的信息能够合理、合法、合规地予以反映。
   A. 会计法律规范条例　　B. 会计准则
   C. 会计制度　　　　　　D. 财务计划
   E. 预算

6. 会计学原理是会计专业的基础课程,是关于每一个从事会计工作人员必须掌握的(　)、(　)及(　)的一门学科。
   A. 基本理论　　　　　　B. 基本要素
   C. 基础知识　　　　　　D. 基本方法
   E. 基本要求

7. 会计记录是在(　)、(　)的前提下,运用一定的会计记录方法,对企业的会计对象——资金及其运动过程进行(　)、(　)、(　)处理,以形成有用的会计信息的过程。
   A. 会计确认　　　　　　B. 计量工作

C. 分类　　　　　　　D. 汇总
E. 加工

8. 会计的计量是会计反映的核心内容,包括对(　　)的选择和对(　　)的选择。
   A. 计量对象　　　　B. 计量主体
   C. 计量尺度　　　　D. 计量要求
   E. 计量属性

9. 根据管理活动论的观点,会计是"对一定单位的经济业务进行(　)、(　)、(　),作出预测,(　),(　),旨在实现最优经济效益的一种管理活动"。
   A. 计量　　　　　　B. 记录
   C. 分析和检查　　　D. 参与决策
   E. 实行监督

10. 现代会计发展阶段的重要的特点可归纳为:计算机代替了手工记账,(　)与(　)已成为会计的两个重要的分支。
    A. 财务管理　　　　B. 会计管理
    C. 财务会计　　　　D. 管理会计
    E. 审计管理

11. 会计规范的表现形式主要有(　　)。
    A. 会计法　　　　　B. 企业会计准则
    C. 企业会计制度　　D. 各大行业会计制度

12. 会计基本假设包括(　　)。
    A. 会计主体　　　　B. 会计分期
    C. 货币计量　　　　D. 相关性

13. 下列项目中属于会计核算一般原则的有(　　)。
    A. 历史成本原则　　B. 重要性原则
    C. 持续经营　　　　D. 货币计量

14. 会计制度包括(　　)。

A. 企业会计制度

B. 企业自行制定的会计制度

C. 行业会计制度

D. 企业自行制定的内部经营管理制度

15. 谨慎原则在会计核算中,具体体现在下列(　　)会计核算方法中。

A. 对应收账款提取坏账准备

B. 固定资产的加速折旧法

C. 存货的成本与可变现净值孰低法

D. 先进先出法

16. 企业的基本准则包括(　　)。

A.《企业会计准则》　　B.《事业单位会计准则》

C.《存货》　　D.《企业会计制度》

四、判断题(在每小题后面的括号内填入判断结果,正确的打"√",错误的打"×")

1. 会计的产生和发展与生产和管理的发展要求有关。（　）

2. 会计与簿记的内容基本相同。（　）

3. 会计主体是广大的企业与事业单位。（　）

4. 会计主体与法律主体是不同的概念。（　）

5. 会计的职能是会计本身所具有的功能,包括会计记录、监督与支付。（　）

6. 管理会计主要为外部利益相关者服务,财务会计主要为企业内部管理者服务。（　）

7. 小王是注册会计师,小王就可以成立具有有限责任性质的会计师事务所。（　）

8. 会计确认是指根据一定的判断标准,在经济业务发生或完成后,判断该业务进入会计信息系统的时间,具体的项目及报告

体系。	(　　)

9. 会计信息的公开方式及详细程度的不同将直接影响投资者的评估,影响未来的投资决策。	(　　)

10. 会计信息与统计信息、业务信息共同构成企业管理信息的主要内容。	(　　)

11. 一般说来,法律主体必然是会计主体,但会计主体并不一定就是法律主体。	(　　)

12. 由于有会计分期假设,才产生了权责发生制和收付实现制。	(　　)

13. 谨慎性原则要求会计人员记账时,对可能实现的收益要合理估计入账;对可能发生的损失要尽可能不予预计。	(　　)

14. 重要性原则阐明会计信息很重要。	(　　)

15. 可比性原则与一致性原则分别要求企业之间会计信息横向可比以及同一企业会计处理方法应纵向一致。	(　　)

16. 谨慎原则要求企业在进行会计核算时,不得多计资产和收益,少计负债或费用,并可设置秘密准备。	(　　)

五、计算分析题(凡需计算的,应列出有关计算过程,小数点后保留两位)

1. 假设食美食品厂是一家个人独资的生产家传绿豆糕的家庭小作坊,每天的业务不多,进料、制作、销售、收款均由独资人一人经手,平时只设置现金日记账,以记录经济业务。

现金日记账

20××年		摘　　要	增　加	减　少	余　额
月	日				
1	1	投入资金	5 000		
	2	购买原材料		300	4 700
	3	支付水电费		500	4 200

(续表)

20××年		摘 要	增 加	减 少	余 额
月	日				
	7	提领工资		1 600	2 600
	12	销售收入	3 000		5 600

但随着该作坊销售能力的提高,生产能力也随之扩大。为保证产品质量,独资者个人只能管理生产,其他诸如进料、销售、仓储、收款必须由其他人员负责。于是,独资者个人就将上述日记账的登记改为下列形式的记录:

库 存 现 金

20××年		凭证		摘 要	增	减	增或减	余额
月	日	字	号					
1	1			投入资金	5 000		(略)	5 000
	2	(略)		购买原材料		300		4 700
	3			支付水电费		500		4 200
	7			提领工资		1 600		2 600
	12			销售收入	3 000			5 600

实 收 资 本

20××年		凭证		摘 要	增	减	增或减	余额
月	日	字	号					
1	1			投入资本	5 000		(略)	5 000
	1	(略)						

原 材 料

20××年		凭证	摘　要	增	减	增或减	余额
月	日	字　号					
1	2		购买原材料	300		（略）	300
		（略）					

销 售 费 用

20××年		凭证	摘　要	增	减	增或减	余额
月	日	字　号					
1	3		支付水电费	500		（略）	500
	7	（略）	提领工资	1 600			2 100

主营业务收入

20××年		凭证	摘　要	增	减	增或减	余额
月	日	字　号					
1	12		销售收入	3 000		（略）	3 000
		（略）					

然后按资金的来源及运用列出以下表格：

资　金　运　用		资　金　来　源	
现金：	5 600	实收资本：	5 000
原材料：	300	主营业务收入：	3 000
		减:销售费用：	2 100
合计：	5 900	合计：	5 900

问题：

(1) 上述两种记账方法有何不同？为什么？

(2) 第二种记账方法对管理企业有何帮助？

2. 某证券公司20××年炒作期货,获利850万元。其中转作自营收入的仅200万元,其余650万元均以客户名义提取现金,用于本单位职工奖金。次年,该公司还账外隐匿收入150万元,用于发放职工奖金。试根据《会计法》和《会计基础工作规范》的要求分析该公司违反了哪条规定,应受到何种惩罚。

3. 某工厂20××年会计账簿记录反映亏损203万元,上报的财务会计报告中却改为盈利12万元,并以此财务报告向银行贷款了50万元。同时,该厂财务科经理在任职期间采取假造会计凭证、银行对账单等手段,非法将100万元公款汇往某贸易公司从事IT产业经营,时间长达5年之久。试分析该厂的会计规范执行情况。

4. 某企业是一家小型企业,公司成立几年来,企业平时无赊购行为,也不采用赊销方式,存货价值基本保持与开业时相同的水平,而公司的银行账款比原来少了,公司老板认为企业亏了,试针对公司老板的观点谈谈你的观点。

第二章 账户与复式记账

复习思路

该章内容主要介绍会计的基本核算方法,即记账的方法。复习该章内容,主要掌握四点:首先,会计要素的概念和组成项目;其次,要求掌握会计等式的概念及学会分析会计业务对等式的影响;再次,掌握账户的结构和账户提供的指标;最后,掌握复式记账法的概念和特征,尤其是借贷记账法的记账原理。

基本概念

会计要素 资产 负债 所有者权益 收入 费用 利润 会计等式 会计科目 会计账户 期初余额 本期发生额 期末余额 单式记账法 复式记账法 记账规则 会计分录 对应关系 试算平衡

练 习 题

一、填空题(在每小题中的横线内填入正确答案)

1. _____是对会计对象的基本分类。

2. 反映企业财务状况的会计要素有_____、_____、_____。

3. 收入的实现会引起_____的增加或_____的减少。

4. 每一项经济业务的发生,都会影响会计要素中的_____

项目发生增减变化。

5. _____是对会计要素的具体内容进一步分类核算的项目。

6. 账户的四个指标包括_____、_____、_____和_____。

7. 复式记账法是以_____为依据建立的一种记账方法。

8. 借贷记账法下的账户对应关系有以下四种形式,即_____、_____、_____、_____。

9. 账户发生额试算平衡的计算公式为:_____。

10. 根据每笔经济业务的内容,确定其应记入的_____、_____和_____的记录,称为会计分录。

二、单项选择题(在备选答案中选取一个最佳答案)

1. 下列各项中,有关负债的说法错误的是( )。
   A. 负债是基于过去的交易或事项而产生的
   B. 负债是企业承担的现实义务
   C. 按照法律规定,负债一定要清偿
   D. 负债通常需要在未来某一特定日期用资产或劳务偿付

2. 下列类型中,属于经济业务的是( )。
   A. 资产增加,负债减少
   B. 资产增加,所有者权益增加
   C. 负债减少,所有者权益减少
   D. 负债增加,所有者权益增加

3. 某企业资产总额为100万元,当发生下列经济业务后:①向银行借款10万元存入银行;②用银行存款偿还应付账款5万元;③收回应收账款2万元存入银行,其权益总计为( )万元。
   A. 107   B. 105
   C. 117   D. 112

4. 某企业采购员预借差旅费,所引起的变动为( )。
   A. 一项资产增加,一项负债增加
   B. 一项资产增加,一项资产减少
   C. 一项资产减少,一项负债减少
   D. 一项负债增加,一项负债减少
5. 会计科目与账户之间的区别在于( )。
   A. 记录资产和权益的增减变动情况不同
   B. 记录资产和负债的结果不同
   C. 反映的经济内容不同
   D. 账户有结构而会计科目无结构
6. 主营业务收入账户的结构与所有者权益类账户的结构( )。
   A. 基本相同   B. 无关
   C. 完全一致   D. 相反
7. 如果"应收账款"账户期初余额在借方 4 000 元,企业发生下列( )业务后,期末余额在贷方 3 000 元。
   A. 销售商品取得收入 2 000 元存入银行
   B. 收回应收账款 7 000 元
   C. 赊购材料 5 000 元
   D. 用银行存款购买设备 10 000 元
8. 借贷记账法下,不宜编制( )的会计分录。
   A. 一借一贷   B. 一借多贷
   C. 多借一贷   D. 借贷方金额不相等
9. 借贷记账法下发生额平衡的原因是( )。
   A. 由"有借必有贷,借贷必相等"的记账规则决定的
   B. 由"资产=权益"的会计等式决定的
   C. 由账户的结构决定的
   D. 由账户所反映的经济业务内容决定的

10. 下列错误不能通过试算平衡检查出来的是( )。
   A. 一笔经济业务应借应贷的金额不等
   B. 一笔经济业务应借应贷的账户颠倒
   C. 期初余额不等
   D. 某一账户误将其期末借方余额记入贷方

三、多项选择题(下列各题,有两个或两个以上符合题意的正确答案,请将正确答案填入括号内)

1. 下列经济业务中,引起会计等式一方发生变化的有( )。
   A. 购进材料尚未付款   B. 以银行存款购进材料
   C. 取得借款存入银行   D. 提取盈余公积金

2. 会计等式可用公式表示为( )。
   A. 资产＝权益
   B. 资产＝债权人权益＋所有者权益
   C. 资产＝负债＋权益
   D. 资产＝负债＋所有者权益
   E. 资产＝负债＋所有者权益＋(收入－费用)

3. 下列业务中,会引起会计等式左右两边同时发生增减变动的有( )。
   A. 接受投资人追加投资   B. 用银行存款偿还长期借款
   C. 购进材料尚未付款   D. 收到应收销货款存入银行

4. 预付账款属于( )。
   A. 费用   B. 资产
   C. 负债   D. 流动资产
   E. 长期负债

5. 借贷记账法下,账户的借方登记( )。
   A. 资产的增加   B. 负债的减少
   C. 所有者权益的增加   D. 收入的减少
   E. 费用的增加

6. 复式记账法的优点包括( )。
   A. 便于分工记账
   B. 简化账簿登记工作
   C. 了解经济业务的来龙去脉
   D. 检查账户记录的正确性
   E. 进行试算平衡

7. 账户的增减额应登记在哪一方主要取决于( )。
   A. 记账方法　　　　　B. 账户本身的性质
   C. 被登记的经济业务　D. 登记账户的依据
   E. 记账凭证

8. 借贷记账法下的试算平衡有( )。
   A. 余额平衡　　　　　B. 总额平衡
   C. 发生额平衡　　　　D. 借贷平衡

9. 下列各项中,不能通过试算平衡发现的有( )。
   A. 借贷方同时多记一笔经济业务金额
   B. 借贷方会计科目使用颠倒
   C. 借贷方登记金额不一致
   D. 借方金额未登记,贷方金额被登记
   E. 借贷方同时少记一笔经济业务金额

10. 账户一般应包括的内容有( )。
    A. 账户名称　　　　　B. 日期和摘要
    C. 凭证号数　　　　　D. 增加和减少的金额及余额

四、判断题(在每小题后面的括号内填入判断结果,正确的打"√",错误的打"×")

1. 没有会计要素,会计信息和会计报表无法成立。　　( )
2. 企业预期经济业务将发生的债务,应当作为负债处理。
   　　　　　　　　　　　　　　　　　　　　　　( )
3. 资产是指由于过去、现在、未来的事项和交易形成并由企业拥有或控制的经济资源,该资源预期会给企业带来经济利益。
(　)

4. 会计科目与账户口径一致、性质相同,会计科目是账户的名称,也是设置账户的依据。
(　)

5. 账户核算的内容包括期初余额、本期增加额、本期减少额和期末余额。
(　)

6. 所有会计科目都应设置明细科目,进行明细分类核算。
(　)

7. 会计期末,按收入减费用计算出的结果为所有者权益的增加。
(　)

8. 发生额试算平衡公式为:账户的本期借方发生额合计＝账户的本期贷方发生额合计。
(　)

9. 只要实现了发生额平衡和余额平衡,就说明账户记录正确。
(　)

10. 资产＝负债＋所有者权益,因此,资产总额必然大于负债总额。
(　)

五、计算分录题(凡需计算的,应列出有关计算过程,小数点后保留两位)

(一) 北方公司20××年1月1日的有关资料如下:

项 目 内 容	资 产	负 债	所有者权益
1. 向银行借入的期限3年的借款1 000 000元			
2. 企业购入的5年期国库券150 000元			
3. 仓库中存放的原材料100 000元			
4. 应付给职工的工资135 000元			
5. 运输用车辆600 000元			
6. 厂房2 000 000元			
7. 投资者投入的资本2 000 000元			
8. 应付给供货单位的购货款58 000元			

(续表)

项 目 内 容	资 产	负 债	所有者权益
9. 正在建设中的办公楼 800 000 元			
10. 正在运入途中的材料 28 000 元			
11. 出纳员保管的现金 2 000 元			
12. 应向客户收取的销货款 100 000 元			
13. 应收回的代职工垫付的水电费 20 000 元			
14. 从银行借入的 5 个月期限的借款 500 000 元			
15. 已完工入库的产品 150 000 元			
16. 从利润中提取的盈余公积金 600 000 元			
17. 以前年度尚未分配的利润 497 000 元			
18. 尚未交纳的税金 50 000 元			
19. 购入的准备随时出售的股票 90 000 元			
20. 存放在银行的款项 800 000 元			

要求：判断哪些项目属于资产、负债、所有者权益，将其金额填入表中相应栏内，并计算资产、负债、所有者权益的合计数。

(二) 甲企业 2003 年 3 月收支情况如下：

业 务 内 容	收 入	费 用
1. 本月产品销售收入 600 000 元		
2. 已销产品成本 410 000 元		
3. 代职工垫付房租费 1 600 元		
4. 出售多余材料，取得收入 50 000 元，其成本 36 000 元		
5. 支付广告费 30 000 元		
6. 支付水电费 5 000 元		
7. 支付本月短期借款利息 1 200 元		

(续表)

业务内容	收入	费用
8. 本月主营业务应负担的城市维护建设税、教育费附加300元		
9. 本月管理人员差旅费2 500元		
10. 车间职工出差,预借差旅费2 000元		

要求：

1. 根据上述业务内容,区分哪些属于收入,哪些属于费用,并将其金额填入表中相应栏内。

2. 根据表中的收入、费用合计金额,计算利润总额;设本期所得税费用55 000元,计算本期净利润。

（三）某企业20××年4月1日有关项目余额如下：

银行存款	320 000	应交税费	10 000
短期借款	80 000	实收资本	1 000 000
库存现金	2 000	固定资产	658 000
应收账款	60 000	库存商品	170 000
长期借款	250 000	应付账款	20 000
原材料	150 000		

该企业4月发生有关经济业务如下：

1. 以银行存款归还到期的长期借款100 000元。
2. 以银行存款购入原材料58 000元,材料入库。
3. 收回应收账款30 000元,存入银行。
4. 以银行存款偿还前欠外单位货款20 000元。
5. 从甲企业购进原材料,已入库,货款30 000元尚未支付。
6. 向银行借入短期借款100 000元,存入银行存款户。
7. 企业接受投资者投入设备一套,价值160 000元。
8. 以银行存款缴纳上月税金10 000元。
9. 从银行提取现金1 000元备用。

10. 企业用银行存款 50 000 元偿还短期借款。

要求：填表分析上述经济业务的类型。

项 目	资 产	负 债	所有者权益
期初余额			
业务(1)			
业务(2)			
业务(3)			
业务(4)			
业务(5)			
业务(6)			
业务(7)			
业务(8)			
业务(9)			
业务(10)			
期末余额			

(四) 华新公司 20××年期初及期末的资产总额与负债总额如下：

项 目	期 初	期 末
资 产	1 000 000 元	1 200 000 元
负 债	300 000 元	200 000 元

要求：根据下列情况，分别计算该公司 20××年度的利润。

1. 本年度股东投资不变，仅发生销售费用共计 120 000 元，试分别计算本年度利润和营业收入。

2. 本年度股东增加投资 100 000 元,计算本年度利润。

3. 本年度股东曾经收回投资 50 000 元,计算本年度利润。

4. 本年度股东曾收回投资 50 000 元,但又增加投资 180 000 元,计算本年度利润。

(五)将下表中账户的有关内容补充完整。

账户名称	期初余额		本期发生额		期末余额	
	借方	贷方	借方	贷方	借方	贷方
库存现金	1 000		126 000		1 500	
银行存款	520 000			770 000	750 000	
应收账款			86 000	44 000		
原材料	110 000		120 000		90 000	
固定资产			100 000	200 000	1 720 000	
短期借款			0	0		200 000
应付账款			477 500			40 000
实收资本		2 000 000	0			2 500 000
合 计						

(六)万泰技术咨询服务公司是东方机电公司投资成立的一家全资子公司,根据下列经济业务编制其会计分录。

1. 收到东方机电公司投入注册资本 50 万元,存入银行。

2. 从杭州开道办公设备公司购入佳能复印机一台,作为办公设备(不需安装),价款 30 000 元,增值税额 5 100 元,款项当即用支票支付。

3. 开出现金支票,提取现金 5 000 元备用。

4. 用银行存款支付办公费用 12 000 元。

(七)某企业 20××年 5 月 31 日资产、负债、所有者权益账户的期末余额如下表:

账户名称	借方余额	账户名称	贷方余额
库存现金	600	短期借款	20 000
银行存款	150 000	应付账款	19 000
应收账款	18 000	应付职工薪酬	9 600
原材料	35 000	实收资本	200 000
库存商品	40 000	资本公积	50 000
固定资产	100 000	盈余公积	45 000

该企业 6 月份发生下列经济业务:

1. 以银行存款购置汽车一辆,价款 50 000 元,交付使用。

2. 收到购货单位归还所欠货款 8 000 元,存入银行。

3. 从银行提取现金 9 600 元。

4. 以现金 9 600 元发放工资。

5. 购入材料一批 5 000 元,验收入库,货款尚未支付。

6. 吸收其他单位投入资金 50 000 元,存入银行。

7. 开出支票偿还货款 10 000 元。

8. 以银行存款 15 000 元,归还短期借款。

要求:

1. 开设"丁"字形账户,并登记期初余额。

2. 根据经济业务编制会计分录,并记入有关账户。

3. 结出各账户的本期发生额和期末余额。

4. 编制总分类账户的本期发生额、余额试算平衡表。

借方	贷方	借方	贷方	借方	贷方

借方	贷方	借方	贷方	借方	贷方

借方	贷方	借方	贷方	借方	贷方

借方	贷方	借方	贷方	借方	贷方

会计分录习题用纸

序号	日期	摘要	账户名称	过账	借方金额	贷方金额

试算平衡表

账户名称	期初余额		本期发生额		期末余额	
	借方	贷方	借方	贷方	借方	贷方
库存现金						
银行存款						
应收账款						
原材料						
库存商品						
固定资产						
短期借款						
应付账款						
应付职工薪酬						
实收资本						
资本公积						
盈余公积						
合计						

第三章 企业主要业务的会计核算——以制造业为例

 **复习思路**

本章是"基础会计"课程的重点章节,也是难点章节,这章内容学习掌握好了,就可以说会计基本入门了。因此,这章内容的学习既需要同学们课堂认真听讲,理解老师讲解的内容,又需要同学们课后进行大量的练习,帮助消化课堂讲解的内容,这样才能真正学好并掌握这章的内容。所以,这章练习特别多,老师布置的作业也特别多。

首先,必须了解会计可以入账的业务和会计核算基础(权责发生制和收付实现制)。

其次,必须按照供、产、销及财务成果过程的先后次序逐个掌握其会计核算方法。

在生产资料、劳动对象的采购过程:掌握购建需要安装和不需要安装的固定资产的成本确定和核算;无形资产的成本的确定和核算;分清材料采购费用与原材料成本之间的关系;掌握原材料成本的构成和计算及相关的会计核算方法。

在生产成本过程:第一,分清生产费用与完工产品成本之间的关系,生产费用的直接费用和间接费用的概念;第二,掌握完工产品成本的构成项目和成本计算方法,尤其对于生产费用中的间接费用的分配、在产品和完工产品成本的分配计算;第三,掌握"生产成本"和"制造费用"的账户核算内容及在生产过程相关的会计核算。

在销售过程:第一,掌握与销售过程相关的概念及营业利润、利润总额、净利润的概念;第二,掌握销售过程发生的收入类、成本费用类账户的核算内容及月末收入类、成本费用类账户的结转。

在财务成果分配过程:第一,掌握利润总额和净利润形成的核算;第二,了解利润分配的步骤和顺序;掌握净利润分配的会计核算方法。

最后,通过一个总练习将资金筹集、资金在供、产、销及财务成果过程的会计核算整个串起来,来帮助和检验同学们学习该章的效果。

基本概念

实收资本 短期借款 股本 材料采购成本 直接费用 间接费用 在途物资 累计折旧 应交税费——应交增值税 预收账款 预付账款 生产费用 完工产品成本 在产品 营业收入 营业成本 营业税金及附加 财务费用 销售费用 管理费用 投资收益 营业外收入 营业外支出 营业利润 利润总额 净利润 所得税费用 本年利润 利润分配 盈余公积 法定盈余公积金 任意公积金 应付股利

练 习 题

一、**填空题**(在每小题中的横线内填入正确答案)

1. 制造业企业的生产经营过程包括_____、_____和_____。

2. 企业筹集资金的渠道主要有_____和_____。

3. 材料的采购成本包括_____、_____、_____和_____等。

4. 生产费用按计入产品成本的关系分为_____和_____。

5. 完工产品成本的项目包括_____、_____、_____和_____。

6. 企业的财务费用主要包括_____、_____和_____等。

7. 凡是购入需要安装的固定资产，应先借记_____账户；购入不需要安装的固定资产，应借记_____账户。

8. 企业采购材料应支付的增值税，属于_____，不计入_____成本。

9. 企业购进固定资产，按其_____入账，包括_____、_____、_____和_____等。

10. 企业发生的与生产经营活动无直接关系的各项收入是_____。

二、单项选择题（在备选答案中选取一个最佳答案）

1. 企业收到投资者投入的资金或收到股东的股本分别贷记（　　）账户。

　　A. "短期借款"或"实收资本"
　　B. "实收资本"或"长期借款"
　　C. "实收资本"或"股本"
　　D. "固定资产"或"实收资本"

2. 企业购入材料发生的采购费用，应记入（　　）账户。

　　A. "制造费用"　　　　B. "在途物资"
　　C. "生产成本"　　　　D. "原材料"

3. 车间管理人员的工资和厂部管理人员的工资分别借记（　　）账户。

　　A. "制造费用"和"管理费用"
　　B. "管理费用"和"销售费用"

C. "生产成本"和"管理费用"

D. "制造成本"和"财务费用"

4. 获得存款的利息收入应记入( )账户。

A. "营业外收入"　　　　B. "财务费用"

C. "其他业务收入"　　　D. "主营业务收入"

5. 下列属于其他业务收入的是( )。

A. 利息收入　　　　　　B. 出售材料收入

C. 投资收益　　　　　　D. 清理固定资产净收益

6. 车间管理人员发生的工资和福利费应记入( )。

A. "管理费用"账户的借方

B. "应付职工薪酬"账户的借方

C. "管理费用"账户的贷方

D. "制造费用"账户的借方

7. 企业厂部发生的支出属于( )。

A. 营业外支出　　　　　B. 管理费用

C. 制造费用　　　　　　D. 生产成本

8. 下列各项中不能计入材料采购成本的是( )。

A. 材料采购途中的运杂费

B. 采购材料时所支付的增值税

C. 运输途中的合理损耗

D. 入库前的挑选费用

9. 企业乙车间月初在产品成本为1 000元,本月耗用材料6 000元,生产工人工资及福利费4 000元,乙车间水电费2 000元,月末在产品生产成本为2 200元,厂部预付半年报刊费600元(含本月),则乙车间本月完工产品生产成本总额为( )元。

A. 17 200　　　　　　　B. 14 000

C. 10 800　　　　　　　D. 13 400

10. 企业按规定于本月末计算出应交的教育费附加,应借记

"营业税金及附加"账户,贷记( )账户。

A. "应交税费"　　　　B. "其他应收款"

C. "其他应付款"　　　D. "应付账款"

三、**多项选择题**(下列各题,有两个或两个以上符合题意的正确答案,请将正确答案填入括号内)

1. "短期借款"账户的结构是( )。

　A. 借方登记借款的增加数

　B. 贷方登记借款的归还数

　C. 贷方登记借款的增加数

　D. 借方登记借款的归还数

2. 接受投资者投资会引起( )。

　A. 负债的增加　　　B. 收入的增加

　C. 所有者权益的增加　D. 资产的增加

3. 下列属于直接费用的有( )。

　A. 车间固定资产的折旧　B. 生产产品耗用材料

　C. 生产工人的工资　　　D. 管理人员的福利费

4. 企业资本取得和形成的途径有( )。

　A. 投资者的投资　　B. 接受捐赠

　C. 企业取得的净利润　D. 提取的福利费

5. 应记入"制造费用"账户的有( )。

　A. 车间管理人员的工资和福利费

　B. 车间固定资产的折旧

　C. 生产产品领用的材料费用

　D. 生产工人的工资和福利费

6. 下列属于管理费用的项目有( )。

　A. 厂部管理人员的工资　B. 车间固定资产的折旧费

　C. 企业厂部发生的保险费　D. 业务招待费

7. 下列属于营业外收入项目的有( )。

A. 固定资产盘盈　　　　B. 处置固定资产的净收益
C. 罚款收入　　　　　　D. 财产盘亏

8. 企业实现的净利润,按规定应(　　)。
   A. 以利润的形式分配给投资者
   B. 以所得税的形式上交给国家
   C. 提取法定公积金
   D. 提取任意公积金

9. 企业的销售费用项目有(　　)。
   A. 广告费
   B. 销售商品的运费
   C. 展览费
   D. 设立在异地的销售机构费用

10. 完工产品成本的项目包括(　　)。
    A. 材料成本　　　　　B. 人工成本
    C. 燃料和动力　　　　D. 分配的间接费用

四、判断题(在每小题后面的括号内填入判断结果,正确的打"√",错误的打"×")

1. 企业预付广告费,计入本期的销售费用。　　　　　　(　　)
2. 企业本月发生的生产费用全部变成本月的完工产品成本。
   　　　　　　　　　　　　　　　　　　　　　　　　(　　)
3. 企业销售商品,按规定于月末计算出应缴纳的消费税、城市维护建设税、教育费附加等,应借记"所得税费用"账户,贷记"应交税费"账户。　　　　　　　　　　　　　　　　　(　　)
4. 产品制造成本是当期直接费用、间接费用和期间费用的总和。　　　　　　　　　　　　　　　　　　　　(　　)
5. "生产成本"账户的期末借方余额表示期末在产品成本。
   　　　　　　　　　　　　　　　　　　　　　　　　(　　)
6. 企业期末结转库存商品到已销产品的成本时,应借记"库

存商品"账户。（　　）

7. 预收货款不多的企业，可以不设"预收账款"账户，而将预收的货款记入"应收账款"账户的贷方。（　　）

8. 企业的所得税费用是企业根据净利润计算的应纳税金。
（　　）

9. 企业出售商品、材料及出租包装物等获取的收入均记入"主营业务收入"账户。（　　）

10. 企业月末将"制造费用"分配结转到"生产成本"，"生产成本"结转到"本年利润"账户的借方。（　　）

五、计算分录题

1. 某企业 5 月份有关收入和费用的经济业务如下：

（1）按合同向国泰公司销售产品 50 000 元，已收到 30 000 元货款存入银行，余款暂欠。

（2）收到上月应收的销货款 2 000 元。

（3）预付第四季度租用办公用房租金 3 000 元。

（4）收到购货单位的预付货款 20 000 元。

（5）计提本月应负担的银行借款利息 800 元。

（6）交纳上月主营业务税金及附加 1 000 元。

（7）支付第一季度短期借款利息 2 400 元。

要求：按权责发生制和收付实现制分别列表计算本月（5月份）的收入和费用。

2. 某企业某月份发生如下经济业务：

（1）收到 C 公司投入设备一台，该设备原值 50 000 元，双方确认价值 45 000 元。

（2）从银行借入借款 1 000 000 元，期限 2 年，所得借款存入银行。

（3）收到国家投入的货币资金 2 000 000 元，已存入银行。

（4）购运输汽车一辆，价款 200 000 元，增值税额 34 000 元，用存款支付。

(5) 购入需要安装设备一台,货款 40 000 元,税款 6 800 元,用银行存款支付。设备安装共耗用材料价值 2 000 元,内部安装人员工资 1 000 元。

(6) 上述设备安装完毕,验收后交付使用。

(7) 用银行存款 800 000 元向某企业购买专利权,并办好了一切过户手续。

要求:根据以上经济业务编制会计分录。

3. 某企业为小规模纳税企业,本月发生下列业务:

(1) 企业从甲公司购入 A 材料 100 千克,单价 50 元;B 材料 200 千克,单价 100 元,货款通过银行支付。

(2) 用银行存款支付上述 A、B 材料的运费 600 元,运费按材料的重量比例分摊。

(3) 用银行存款预付乙公司购买 C 材料的款项 8 000 元。

(4) 从乙公司购买的 C 材料,材料和发票均已收到。发票列示:数量 900 千克,每千克单价 10 元,运费 400 元。货款结算后余款用支票结清。

(5) 月末,上述 A、B、C 材料均运到并验收入库。按材料的实际成本结转。

要求:

(1) 根据以上经济业务编制会计分录。

(2) 编制材料采购成本计算单。

4. 某企业 5 月份发生下列业务:

(1) 5 月 1 日购入材料一批,货、税款已用银行存款支付(增值税税率 17%)。

甲材料	200 千克	单价 6.5 元
乙材料	1 200 千克	单价 3 元
丙材料	2 000 千克	单价 0.75 元

（2）5月3日，以现金支付上述材料运杂费340元，运杂费按材料重量比率分配。

（3）5月7日，购入丙材料1 000千克，单价0.6元，货、税款尚未支付，运杂费100元，从银行存款中支付。

（4）5月10日，购入下列材料，货、税款尚未支付。

甲材料　　　300千克　　　单价5元
乙材料　　　600千克　　　单价3元

（5）5月15日用现金支付上述甲、乙两种材料运杂费600元，运杂费按材料重量比例分摊，计入采购成本。

（6）5月20日，购入甲材料400千克，单价6元，运杂费200元，货、税款及运杂费均用银行存款支付。

（7）5月30日，本月采购的各种材料均已验收入库，按材料的实际成本结转。

要求：

（1）根据以上经济业务编制会计分录。

（2）设置"在途物资"和"原材料"总分类账和明细分类账（使用T字形账户），并将上述相关业务登记入账。

5．某企业10月份日常发生下列业务：

（1）10月1日，开出转账支票1 400元，购入办公用品一批。其中：公司管理部门领用部分为1 000元，生产车间领用部分为400元。

（2）10月5日，职工王平因公出差，预支现金800元。

（3）10月8日，职工报销市内交通费100元，以现金付讫。

（4）10月15日，职工王平报销差旅费900元，差额以现金补付。

（5）10月25日，计算出本月应付职工工资共计40 000元。其中：甲产品生产工人工资14 000元，乙产品生产工人工资10 000元，车间生产管理人员工资8 000元,公司行政管理人员工资8 000元。

(6) 10月28日,从银行提取现金40 000元,并用现金发放工资。

(7) 10月28日,按本月工资总额的14%计提福利费。

(8) 10月28日,以现金支付本月退休人员工资800元。

(9) 10月30日,开出现金支票支付本月管理部门水电费500元。

(10) 10月30日,本月仓库发出各种材料按用途汇总如下:

甲产品耗用	8 000元
乙产品耗用	6 000元
公司管理部门耗用	500元

要求:根据以上经济业务编制会计分录。

6. 某企业生产车间生产甲、乙两种产品。某月份该车间发生制造费用共计100 000元,生产工人工资50 000元(其中:甲产品20 000元,乙产品30 000元)。

要求:按直接人工费用比例分配并结转本月的制造费用并编制分录。

7. 某制造厂8月份发生下列经济业务:

(1) 8月份各处材料耗用汇总如下:制造丙产品领料6 000元,制造丁产品领料4 000元,车间一般消耗领料600元,厂部一般消耗领料400元,共计11 000元。

(2) 8月份应付职工工资如下:制造丙产品工人工资3 000元,丁产品工人工资2 000元;车间管理人员工资800元,厂部管理人员工资1 000元。

(3) 按上述工资总额的14%计算提取本月职工福利费。

(4) 计提本月折旧费共计5 000元,其中厂部固定资产折旧费3 500元,车间厂房设备折旧费用1 500元。

(5) 本月用银行存款支付厂部设备修理费700元,车间设备修理费 500 元。

（6）以银行存款支付本月电费 4 000 元,其中丙产品生产用电 1 800 元,丁产品生产用电 1 200 元,车间照明用电 1 000 元。

（7）以现金支付车间办公用品费 300 元。

（8）已知本月丙、丁两种产品的生产工时分别为 4 000 小时和 6 000 小时,本车间按生产工时比例分配并结转制造费用。

要求：

（1）为上述经济业务编制会计分录。

（2）计算填制"制造费用分配表"。

8. 某工厂 2012 年 10 月发生以下经济业务：

（1）本月材料领用情况如下（金额单位：元）：

项 目	A材料		B材料		C材料		辅材	合计
	数量（吨）	金额	数量（吨）	金额	数量（吨）	金额	金额	
甲产品用	60	100 000	10	15 000	5	20 000	3 000	138 000
乙产品用	10	20 000			2	8 000	2 000	30 000
车间部门用							1 000	1 000
行政管理部门用							1 000	1 000
合计	70	120 000	10	15 000	7	28 000	7 000	170 000

（2）本月份职工工资计算如下：

甲产品生产工人工资： 30 000 元
乙产品生产工人工资： 20 000 元
车间行政人员工资： 2 000 元
管理人员工资： 20 000 元

（3）按规定提取职工工资总额 14% 的福利费。

（4）从银行提现 72 000 元,发放本月工资。

(5) 以银行存款支付水电费 5 000 元,其中:

生产甲产品耗用: 2 500 元
生产乙产品耗用: 1 000 元
厂部管理部门耗用: 1 500 元

(6) 车间报销办公费 100 元,以现金支付。

(7) 以银行存款预付 2013 年书报费 480 元。

(8) 按规定折旧率计提本月固定资产折旧,其中车间使用的固定资产折旧 4 000 元,管理部门使用的固定资产折旧 1 000 元。

(9) 用银行存款支付本月应由车间负担的大修理费 800 元。

(10) 摊销本月应由车间负担的报刊费 300 元。

(11) 按规定预提本月银行借款利息费 400 元。

(12) 月末将制造费用按工资比例分配到生产成本中。

(13) 月末甲、乙产品全部完工验收入库,其中:甲产品 100 件,乙产品 500 件,结转实际成本。

要求:

(1) 根据上述资料编制会计分录。

(2) 进行该企业产品生产成本计算,并登记有关账簿,编制产品成本计算单。

9. 某公司某月份销售产品业务如下:

(1) 根据购销合同向东海公司发运甲产品 100 台,每台售价 100 元,货款计 10 000 元,增值税额 1 700 元,货款、税款尚未收到。

(2) 以银行存款支付销售产品的运输费 300 元。

(3) 收到银行通知,上月销售给新创公司的货款、税款 30 000 元全部收到,存入银行。

(4) 根据购销合同向成捷公司发运甲产品 80 台,每台售价 100 元,货款计 8 000 元,增值税额 1 360 元,货款、税款尚未收到。

(5) 仓库发出随同上述两批产品销售但不单独计价的包装物 500 元。

(6) 收到银行通知,上述销售的两批货款、税款全部收妥存入银行。

(7) 用银行存款支付本月广告费1 200元。

要求:根据以上经济业务编制会计分录。

10. 练习销售过程虚账户的结转和利润分配的核算。

某企业2012年度决算时,各损益类账户12月份余额如下(单位:元):

账户名称	结账前余额
主营业务收入	300 000(贷)
营业税金及附加	15 000(借)
主营业务成本	130 000(借)
销售费用	8 000(借)
管理费用	18 000(借)
财务费用	5 000(借)
其他业务收入	20 000(贷)
其他业务成本	18 000(借)
投资收益	6 000(贷)
营业外收入	7 640(贷)
营业外支出	5 640(借)
所得税费用	44 220(借)

要求:

(1) 根据上述资料编制期末结转分录。

(2) 计算营业利润、利润总额及净利润的数额。

11. 某工厂2012年5月发生如下经济业务(假定该题不涉及增值税):

(1) 出售产品A一批,售价为120 000元,货款收到,存入银行。

(2) 按出售产品的实际成本100 000元结转主营业务成本。

(3) 将逾期未退回随同产品出售的包装物押金2 000元,转作企业的其他业务收入(不考虑增值税因素)。

(4) 以银行存款支付待业保险费和劳动保险费 5 000 元。

(5) 以银行存款支付本月借款利息 1 500 元。

(6) 以现金支付产品销售过程中的运输费 500 元。

(7) 以银行存款支付业务招待费 3 000 元。

(8) 以银行存款支付广告费 15 000 元。

(9) 以银行存款支付违约罚金 500 元。

(10) 假定本期期末结转前的"主营业务收入"账户贷方余额为 230 000 元,"其他业务收入"账户贷方余额为 50 000 元,"营业外收入"账户贷方余额为 1 000 元,试结转到"本年利润"账户。

(11) 结转本月主营业务成本、营业税金及附加、期间费用和营业外支出到"本年利润"账户。其中:"主营业务成本"账户期末结转前借方余额为 200 000 元,"营业税金及附加"账户借方余额为 11 500 元,"其他业务成本"账户借方余额为 30 000 元,"财务费用"账户借方余额为 3 000 元,"管理费用"账户借方余额为 15 000 元,"销售费用"账户借方余额为 18 000 元,"营业外支出"账户借方余额为 500 元。

(12) 按规定缴纳 25% 的所得税,并将净利润结转"利润分配"账户。

(13) 按规定提取盈余公积金(税后利润 10%)。

(14) 按规定分配 1 500 元的利润。

要求:

(1) 编制以上业务会计分录。

(2) 计算营业利润、利润总额和未分配利润。

12. 某企业发生的有关经济业务如下:

(1) 销售 A 产品 1 000 件,每件售价 80 元,增值税销项税额 13 600 元,款已通过银行收讫。

(2) 企业同城销售给民嘉公司 B 产品 900 件,每件售价 100

元,但货款、税款尚未收回,假设增值税税率为17%。

(3) 结转已售甲、乙产品的成本。其中:A产品的产品成本60 000元,B产品的产品成本70 000元。

(4) 以银行存款支付销售A、B产品的销售费用2 000元。

(5) 根据规定计算应纳城市维护建设税8 750元。

(6) 采购人员外出回来报销差旅费550元,余款以现金交回(原已预支600元)。

(7) 以现金支付厂部办公费1 000元。

(8) 企业收到民嘉公司前欠货款并存入银行。

(9) 用银行存款支付应由企业管理部门负担的本期财产保险费200元。

(10) 经批准盘盈的待处理财产3 000元作营业外收入。

(11) 收到本期出租包装物租金收入3 020元存入银行。

(12) 本企业投资的联营公司宣告分配利润,本企业可分得利润5 000元。

(13) 根据上述业务结转损益类账户。

(14) 根据本期实现的利润总额,按25%税率计算应交所得税。

(15) 用银行存款上交城市维护建设税8 750元和所得税费用。

要求:

(1) 为上述经济业务编制会计分录。

(2) 计算税后利润、法定盈余公积(计提比例10%)、任意公积金(计提比例5%)、未分配利润(若分配投资者利润按净利润扣除盈余公积后的50%计算)。

13. 南方公司的经济业务如下:

(1) 南方公司收到投资者投入资金3 000 000元。其中:国家投入资本金700 000元,国兴公司投入资本1 300 000元,程娜投入资本1 000 000元。款项均存入银行。

（2）南方公司收到信阳公司投资转入专有技术和原材料一批。其中原材料双方确认价值为50 000元（实际成本），投入的专有技术双方确认价值为80 000元。

（3）A股份公司委托甲证券公司代理发行普通股100 000股，每股票面值4元，每股发行价4.2元。假定发行费用为零，甲证券公司代理发行成功，将股款420 000元全部划入A股份有限公司。

（4）南方公司于2003年1月1日向银行取得借款800 000元，6个月后偿还。

（5）南方公司以土地使用权作为抵押向银行贷款5 000 000元，用于建造厂房。该笔贷款年利率6%，贷款期限2年。

（6）南方公司购进全新不需安装的设备1台，增值税专用发票上注明买价100 000元，增值税额17 000元，运杂费3 000元，调试费500元。全部款项通过银行支付。

（7）南方公司购入需要安装的车床5台，买价100 000元，增值税额为17 000元，支付的运输费为2 000元，均用银行存款支付。在安装车床时，领用的材料物资价值1 500元，应付职工薪酬2 500元，安装完毕后交付使用。

（8）向下列供应单位购入甲材料300千克，货款、税款均未支付（增值税税率17%）。

大容公司	100千克	单价300元	货款30 000元	税款 5 100元
宏达公司	200千克	单价300元	货款60 000元	税款10 200元
			90 000元	15 300元

（9）用银行存款支付上述购入材料甲材料的采购费用900元。

（10）采购员郑青借支差旅费800元，用现金支付。

（11）按购货合同向飞天公司购乙材料、丙材料两种，用银行存款预付货款20 000元。

（12）飞天公司按购货合同要求将下列材料运到，南方公司验货后，将预付款冲销后的剩余货款、税款用银行存款结清。

乙材料 150千克　单价200元　货款30 000元　税款5 100元
丙材料 50千克　单价400元　货款20 000元　税款3 400元
　　　　　　　　　　　　　　　　 50 000元　　　 8 500元

（13）购入上述乙、丙材料过程中，共发生运杂费400元，已用现金支付。假设运杂费按材料重量比例作为分配标准。

（14）用银行存款偿还前欠大容公司的货款、税款35 100元，宏达公司的货款、税款70 200元。

（15）采购员郑青报销差旅费640元，余款以现金交回。

（16）本月购入的甲、乙、丙材料均已验收入库，月末按材料的实际成本结转入库。

（17）月末，仓库根据当月领料凭证，编制本月材料耗用汇总表如下：

材料用途 \ 材料名称	甲材料 数量（千克）	甲材料 单价（元）	乙材料 数量（千克）	乙材料 单价（元）	丙材料 数量（千克）	丙材料 单价（元）	金额合计
A产品耗用	600	6	1 000	3			6 600
B产品耗用	1 000	6			2 000	1	8 000
车间一般耗用			500	3	1 000	1	2 500
行政管理部门耗用					1 500	1	1 500
合计	1 600	6	1 500	3	4 500	1	18 600

（18）根据有关工资结算凭证，本月共发生应付工资40 000元，按用途汇总如下：

生产工人工资：

A产品生产工人工资	14 000元
B产品生产工人工资	16 000元
车间管理人员工资	4 000元
厂部行政管理部门人员工资	6 000元
合　　计	40 000元

（19）银行提取现金40 000元，备发工资。

（20）以现金发放工资40 000元。

（21）月末，按本月工资总额14%提取职工福利费。

（22）月末，按照规定的折旧率，计算本月份固定资产折旧额。其中：

车间生产使用固定资产应计折旧额	3 900元
厂部行政管理部门使用固定资产应计折旧额	7 000元
合　　计	10 900元

（23）月末，企业用银行存款预付下一年度财产保险费24 000元。

（24）用银行存款支付应由本月负担的固定资产保养费3 500元。其中：车间应承担的固定资产保养费1 000元，厂部应承担的固定资产保养费2 500元。

（25）用现金购买办公用品890元并交付使用。其中：车间办公用品费540元，厂部行政管理部门办公用品费350元。

（26）厂部行政管理人员王平出差，借支差旅费2 000元，以现金付讫。

（27）王平出差回到企业报销差旅费1 400元，余款以现金交回。

（28）月末，将本月归集的制造费用12 500元（通过"制造费用"账户归集），按工时比例法分配计入A、B两种产品成本。其中：A产品耗费的工时为 5 000 工时，B产品耗费的工时为 7 500 工时。

(29) 结转本月完工入库 A、B 产品的制造成本。其中：A 产品完工入库 1 000 件，B 产品完工入库 500 件，按 A、B 产品的实际成本进行结转。

(30) 南方公司销售 A 商品 500 件给 M 公司，每件售价 80 元，销售 B 商品 50 件给 N 公司，每件售价 100 元。M 公司的货款计 40 000 元，增值税额 6 800 元，已收存银行；N 公司的货款计 5 000 元，增值税款 850 元暂欠。

(31) 南方公司收到 P 公司准备购买 B 商品预付的订金 30 000 元，存入银行。

(32) 南方公司按合同向预付货款的 P 公司发出 B 商品 400 件，每件售价 100 元，货款计 40 000 元，增值税 6 800 元，冲销原预收的货税款 30 000 元，同时再向 P 公司收取 16 800 元存入银行。

(33) 南方公司将成本为 6 000 元的库存闲置的原材料一批进行出售，售价 8 000 元，货款通过银行转账收讫。

(34) 南方公司以银行存款支付销售商品广告费 6 000 元，展览费 2 000 元，银行手续费 400 元，用现金支付业务招待费 610 元。

(35) 月末，通过汇总 12 月份已售 A 商品 500 件，B 商品 450 件[其中 A 商品的单位生产成本，B 商品的单位生产成本根据业务(29)计算的数额]的成本。

(36) 假设月末计算出 12 月份应交纳消费税 2 000 元，城市维护建设税 140 元，教育费附加 80 元。

(37) 月末将 12 月份的收入、成本、费用和税金结转"本年利润"账户。

南方公司经汇总 12 月份取得投资收益 8 116 元，营业外收入 4 000 元，营业外支出 3 000 元，1 月份至 11 月份末已累计实现利润 90 000 元，已预交所得税 22 500 元，若该年度应纳税所得额恰好为该年度会计利润总额。

(38)南方公司本年度实现净利润74 041.7元,按本年实现净利润的10%提取法定盈余公积;按本年实现净利润的5%提取任意公积金;宣布分配投资者利润30 000元。

要求:根据以上业务计算和编制有关会计分录。

习题用纸:

1.

业务号	权责发生制		收付实现制	
	收 入	费 用	收 入	费 用
1				
2				
3				
4				
5				
6				
7				
合计				

2. **会计分录习题用纸(代记账凭证)**

序号	日期	摘要	账户名称	过账	借方金额	贷方金额

(续表)

序号	日期	摘要	账户名称	过账	借方金额	贷方金额

3.（1） 会计分录习题用纸（代记账凭证）

序号	日期	摘要	账户名称	过账	借方金额	贷方金额

（2） **材料采购成本计算单**

项目	A材料		B材料		C材料	
	总成本	单位成本	总成本	单位成本	总成本	单位成本

4.（1） **会计分录习题用纸(代记账凭证)**

序号	日期	摘要	账户名称	过账	借方金额	贷方金额

(2) 总分类账

借	在途物资	贷	借	原材料	贷

明细分类账

借	在途物资 ——甲材料	贷	借	在途物资 ——乙材料	贷	借	在途物资 ——丙材料	贷

借	原材料 ——甲材料	贷	借	原材料 ——乙材料	贷	借	原材料 ——丙材料	贷

5. 会计分录习题用纸(代记账凭证)

序号	日期	摘要	账户名称	过账	借方金额	贷方金额

6.
制造费用分配表

产品名称	分配标准（生产工资）	制造费用	
		分配率	分配金额
甲产品			
乙产品			
合　计			

会计分录习题用纸(代记账凭证)

序号	日期	摘要	账户名称	过账	借方金额	贷方金额

7.（1） **会计分录习题用纸(代记账凭证)**

序号	日期	摘要	账户名称	过账	借方金额	贷方金额

(续表)

序号	日期	摘要	账户名称	过账	借方金额	贷方金额

（2） 制造费用分配表

产品名称	分配标准（生产工时）	制造费用	
		分配率(元/工时)	分配金额(元)
丙产品			
丁产品			
合 计			

8.（1） 会计分录用纸(代记账凭证)

顺序号	日期	摘要	账户名称	过账	借方金额	贷方金额

(续表)

顺序号	日期	摘要	账户名称	过账	借方金额	贷方金额

（2） 生产成本明细账

产品品种——甲产品

年		凭证		摘要	借 方				贷方	借或贷	余额
月	日	字	号		直接材料	直接人工	制造费用	合计			
				本期发生额和余额							

· 53 ·

生产成本明细账

产品品种——乙产品

年		凭证		摘要	借 方				贷方	借或贷	余额
月	日	字	号		直接材料	直接人工	制造费用	合计			
				本期发生额和余额							

产品成本计算单

成本项目	甲 产 品		乙 产 品	
	总成本	单位成本	总成本	单位成本

9. **会计分录习题用纸(代记账凭证)**

序号	日期	摘要	账户名称	过账	借方金额	贷方金额

(续表)

序号	日期	摘要	账户名称	过账	借方金额	贷方金额

10.（1） 会计分录用纸(代记账凭证)

顺序号	日期	摘要	账户名称	过账	借方金额	贷方金额

(续表)

顺序号	日期	摘要	账户名称	过账	借方金额	贷方金额

(2) 营业利润＝

利润总额＝

净利润＝

11. 会计分录用纸(代记账凭证)

顺序号	日期	摘要	账户名称	过账	借方金额	贷方金额

(续表)

顺序号	日期	摘要	账户名称	过账	借方金额	贷方金额

营业利润＝

利润总额＝

未分配利润＝

12.（1） 会计分录用纸(代记账凭证)

顺序号	日期	摘要	账户名称	过账	借方金额	贷方金额

(续表)

顺序号	日期	摘要	账户名称	过账	借方金额	贷方金额

(2) 税后利润＝

　　法定盈余公积＝

　　任意公积金＝

　　未分配利润＝

13. 　　　会计分录用纸(代记账凭证)

顺序号	日期	摘要	账户名称	过账	借方金额	贷方金额

（续表）

顺序号	日期	摘要	账户名称	过账	借方金额	贷方金额

(续表)

顺序号	日期	摘要	账户名称	过账	借方金额	贷方金额

(续表)

顺序号	日期	摘要	账户名称	过账	借方金额	贷方金额

第四章 账户的分类

复习思路

在学习第三章内容会计业务核算的基础上,在掌握了一些常用的基本账户结构知识的前提下,为了帮助同学们进一步掌握账户的特征和规律,安排了账户分类的内容。账户一般分为按经济内容、用途和结构、指标的详细程度和会计报表的关系这四类。但重点应该掌握账户按基本内容分类及按用途和结构分类,这两种分类搞明白了也就掌握了账户的所有分类。

基本概念

资产类账户 负债类账户 所有者权益类账户 损益类账户 盘存账户 债权债务结算账户 资本和资本增值账户 集合分配账户 收入账户结构 费用账户的结构 财务成果账户 调整账户 资产备抵账户 权益备抵账户 总账 明细账 资产负债表账户 利润表账户

练 习 题

一、填空题(在每小题中的横线内填入正确答案)

1. 资本账户的总分类账和明细分类账只需使用_____计量,只能提供_____。

2. 调整账户按调整方式分为_____、_____和

_____。

3. 账户按经济内容分为_____、_____、_____、_____和_____。

4. "制造费用"和"生产成本"账户都属于生产过程中的_____账户。

5. 所有者权益类账户是用来反映企业所有者权益_____及结余情况的账户。

6. "累计折旧"账户按其经济内容分类属于_____账户。

7. 债权债务账户的贷方登记_____。

8. 附加调整账户的余额方向与其被调整账户的余额方向_____。

9. 账户分类的标志主要包括_____、_____、_____和_____。

10. "利润分配"账户是用来调整_____的调整账户。

二、单项选择题(在备选答案中选取一个最佳答案)

1. 下列属于债权类账户的是( )。
   A. "银行存款"　　　　B. "原材料"
   C. "应付账款"　　　　D. "应收账款"

2. 盘存账户是用来核算各种( )的增减变动及其结存情况的账户。
   A. 存货和货币资金
   B. 货币资金和财产物资
   C. 存货和费用
   D. 存货和资本

3. "累计折旧"账户按其经济内容分类属于( )账户。
   A. 费用类　　　　　　B. 负债类
   C. 资产类　　　　　　D. 调整类

4. "营业税金及附加"账户按其经济内容分类属于( )。

B. 按账户提供的指标详细程度分类
C. 按与会计报表的关系分类
D. 按结构和用途分类

2. 反映所有者权益的账户有（　　）。
   A. "实收资本"　　　　　　B. "资本公积"
   C. "盈余公积"　　　　　　D. "利润分配"

3. 属于结算账户的有（　　）。
   A. "应收账款"　　　　　　B. "应付账款"
   C. "其他应收款"　　　　　D. "其他应付款"

4. 属于损益类的账户有（　　）。
   A. "主营业务收入"　　　　B. "主营业务成本"
   C. "生产成本"　　　　　　D. "制造费用"

5. 下列账户期末无余额的有（　　）。
   A. 收入类账户　　　　　　B. 盘存类账户
   C. 集合分配账户　　　　　D. 损益类账户

6. 账户按经济内容的分类有（　　）。
   A. 资产类　　　　　　　　B. 费用类
   C. 所有者权益类　　　　　D. 损益类

7. 调整账户主要包括（　　）。
   A. 资产类调整　　　　　　B. 权益类调整
   C. 备抵附加调整　　　　　D. 备抵调整

8. 成本类账户是用来归集费用、计算成本的账户，下列属于成本类账户的有（　　）。
   A. "在途物资"　　　　　　B. "生产成本"
   C. "制造费用"　　　　　　D. "固定资产"

9. 按不同的分类标准，"所得税费用"账户可以属于（　　）。
   A. 成本类账户　　　　　　B. 损益类账户
   C. 费用类账户　　　　　　D. 财务成果类账户

A. 负债类账户　　　　　B. 损益类账户
C. 成本类账户　　　　　D. 费用类账户

5. "资产减值损失"账户借方登记的内容表示(　　)。
   A. 期末资产
   B. 已经发生的减值损失
   C. 已经备抵的资产减值损失
   D. 无余额

6. "所得税费用"账户按与会计报表的关系分类属于(　　)。
   A. 费用类账户
   B. 资产负债表类账户
   C. 利润表类账户
   D. 财务成果类账户

7. 往来账户的明细账按(　　)设置明细账。
   A. 往来客户单位　　　　B. 物资名称
   C. 物资规格　　　　　　D. 发生的费用项目

8. 被调整账户是用来反映(　　)的。
   A. 原始数字　　　　　　B. 调整数字
   C. 实际数字　　　　　　D. 原始数字与实际数字之差

9. 下列属于集合分配账户的是(　　)。
   A. "生产成本"　　　　　B. "制造费用"
   C. "预付账款"　　　　　D. "预收账款"

10. 财产物资明细账既提供货币指标,又提供(　　)指标。
    A. 资金　　　　　　　　B. 实物数量
    C. 实物数量和金额　　　D. 实物数量或金额

三、多项选择题(下列各题,有两个或两个以上符合题意的正确答案,请将正确答案填入括号内)

1. 账户的分类标志有(　　)。
   A. 按经济内容分类

10. 既能提供实物数量指标，又能提供货币指标的账户有( )。

A."原材料" B."库存商品"
C."应收账款" D."管理费用"

四、判断题(在每小题后面的括号内填入判断结果,正确的打"√",错误的打"×")

1. "营业外支出"账户按经济内容分类属于费用类账户。( )

2. "预付账款"账户的结构属于资产类账户,"预收账款"账户的结构属于负债类账户。( )

3. "累计折旧"账户属于权益类的调整账户,"利润分配"账户属于资产类的调整账户。( )

4. "营业税金及附加"账户、"所得税费用"账户都是核算企业发生的税金内容的。前者核算的是企业根据利润计算的税金,后者核算的是根据收入计算的税金。( )

5. "本年利润"账户年末结转后无余额,"利润分配"账户年末结转后出现贷方余额为未分配利润。( )

6. "制造费用"账户和"生产成本"账户都属于生产过程中核算生产费用的账户。前者核算的是生产过程的直接费用,后者核算的是生产过程的间接费用。( )

7. 债权债务结算账户借方登记债务的增加额,贷方登记债权的减少数。( )

8. 当企业不单独设置"预付账款"账户时,可以用"应付账款"账户同时核算企业的债权债务情况。( )

9. 在会计核算中,为了实现权责发生制的原则,应设置"应收利息"和"应付利息"账户。( )

10. "实收资本"账户只需设置总分类账户,不需设置明细分类账户。( )

五、计算分录题

1. 企业原材料总账和明细账数额如下：

项目	期初余额	本期借方发生额	本期贷方发生额	期末余额
原材料	4 000		3 000	5 000
A 材料		1 000		3 000
B 材料		3 000	1 000	

要求：根据总账与明细账的关系计算填写表中空格。

2. 某企业1月份发生以下经济业务：

（1）1月1日，收到投资者成航公司投入的设备一台，价值180 000元；投资者宋凯投入现金20 000元，当日存入银行。

（2）1月5日，向银行借款100 000元，期限6个月。贷款手续已办理完毕，款项存入银行。

（3）1月8日，向A厂购入甲材料2 000吨，每吨买价300元，增值税税率17%，材料运输由A厂代办，应支付运费500元，材料已验收入库，款项尚未支付。

（4）1月10日，以转账支票支付车间设备上半年保养费1 800元。

（5）1月12日，领用材料75 000元，其中生产产品消耗50 000元，车间消耗8 000元，厂部消耗12 000元，包装产品消耗5 000元。

（6）1月20日，完工产品一批，成本182 000元。

（7）1月30日，进行财产清查，盘盈材料一批，价值500元，盘亏设备一台，原价20 000元，已提折旧14 000元。

（8）1月31日，经批准后，对上述盘盈盘亏的财产进行处理：盘盈的原材料冲减管理费用，盘亏的固定资产系实验员所致要求其赔偿。

（9）1月31日，计提固定资产折旧6 000元，其中机器设备折旧额 5 000 元,办公设备折旧额 1 000 元。

要求:根据经济业务编制会计分录。

3. 某企业往来业务如下:

(1) 企业采购员因公预借差旅费 1 000 元,财务科用现金支付。

(2) 厂部办公室报销办公费用 1 200 元,原预借差旅费 2 000 元,余款退回 800 元。

(3) 企业赊销商品 10 000 元给绿源公司,增值税额 1 700 元,货款、税款均未收到。

(4) 企业向鸿泰公司购进固定资产 500 000 元,货款赊欠未付。

(5) 企业本月厂部发生的水电费 8 000 元,赊欠未付。

(6) 企业准备向 A 公司购买商品,用转账支票预付定金 70 000 元。

(7) 收到 A 公司商品及发票,发票注明货款 100 000 元,增值税额 17 000 元,企业以支票方式结清余款。

要求:根据以上往来业务编制会计分录。

4. 某企业调整业务如下:

(1) 本月计提固定资产折旧 80 000 元,其中车间固定资产折旧 50 000 元,其余为厂部固定资产折旧。

(2) 本月用银行存款支付本季度利息 3 500 元,前 2 个月已经预提了 2 000 元。

(3) 本月应摊销广告费 6 000 元,(年初已用银行存款支付本年度广告费 72 000 元)。

(4) 本月计提所得税 20 000 元。

(5) 本月实现净利润 900 000 元,结转到"利润分配"账户。

(6) 本月提取盈余公积 135 000 元,宣布分配投资者利润 40 000 元。

要求：根据以上经济业务编制会计分录。

习题用纸

2. 会计分录习题用纸(代记账凭证)

序号	日期	摘要	账户名称	过账	借方金额	贷方金额

3. **会计分录习题用纸(代记账凭证)**

序号	日期	摘要	账户名称	过账	借方金额	贷方金额

4. **会计分录习题用纸(代记账凭证)**

序号	日期	摘要	账户名称	过账	借方金额	贷方金额

(续表)

序号	日期	摘要	账户名称	过账	借方金额	贷方金额

第五章 会 计 凭 证

复习思路

本章涉及的是对"基础会计"课程的基本方法介绍的章节,通过本章学习,可掌握会计凭证的意义、种类及记账凭证的填制与审核等。因此,在本章内容的学习中,不仅需要同学们课堂认真听讲,理解老师讲解的内容,而且需要同学们课后多做练习,以掌握涉及凭证填制与审核的操作,体会其在整个会计循环过程中的意义。本章内容不多,但实务性强,老师布置的操作练习相对多。

在本章的复习中,首先,必须了解会计凭证的种类和作用,为后面的填制与审核的学习打好扎实的基础。

其次,必须按照要求,掌握原始凭证、记账凭证的概念、特点和内容,填制或编制的要求、步骤及相互联系。

最后,学习与理解会计凭证审核的内容和要点,以掌握未来会计核算方法学习中的基本操作及规则。

基本概念

会计凭证 原始凭证 记账凭证 单式记账凭证 复式记账凭证 一次凭证 累计凭证 会计汇总凭证 收款凭证 付款凭证 转账凭证

练 习 题

一、**填空题**(在每小题中的横线内填入正确答案)

1. 会计凭证是记录_____情况,明确_____,作为

_____的书面证明。

2. 根据会计凭证在会计核算中_____的不同,会计凭证一般可以分为_____及_____。

3. 记账凭证是由本企业会计人员编制的,反映经济业务的内容,包括_____,_____及_____,其作用是作为登记账簿的直接依据。

4. 根据不同的管理需要,实际单位有每领一次料就填制一张凭证的_____,或在一定期间可以多次使用的_____等不同的格式。

5. 原始凭证的审核内容有_____、_____及_____。

6. 记账凭证主要是按适用的经济业务的分类,分为_____和_____。

7. 记账凭证的审核包括_____、_____和_____。

8. 会计档案是企事业单位和机关团体在经济管理和各项会计核算活动中直接形成的作为历史记录保存下来的_____、_____和_____等材料。

9. 会计凭证的日常管理分为会计凭证的_____和会计凭证的_____。

10. 定期保管期限分别为 3 年、5 年、_____年、_____年、_____年和 25 年 6 种。

二、单项选择题(在备选答案中选取一个最佳答案)

1. 在编制记账凭证的过程中,会计人员既对(   )做进一步审核,又运用复式记账原理,对经济业务的内容进行了初步的归类。

　　A. 会计凭证　　　　　　B. 记账凭证
　　C. 原始凭证　　　　　　D. 业务凭证

2. 会计凭证的( )是指该凭证的取得、填制手续是否齐全、合法、准确。
   A. 可比性   B. 可靠性
   C. 重要性   D. 一致性

3. 限额领料单是属于( )。
   A. 自制原始凭证   B. 外来原始凭证
   C. 一次凭证   D. 借调凭证

4. 我国企业的现金支票与银行转账支票可以在( )范围内使用。
   A. 企业内部   B. 国外
   C. 异地   D. 同城

5. 对于借贷双方均涉及现金、银行存款科目的业务,为避免重复登记,按惯例只登记( )。
   A. 原始凭证   B. 收款凭证
   C. 付款凭证   D. 转账凭证

6. 外部借阅会计档案时,应持有单位正式介绍信,经( )批准后,方可办理借阅手续。
   A. 会计主管人员或单位领导人
   B. 主管机关
   C. 档案部门
   D. 税务机关

7. 会计档案保管期满,需要销毁时应由本单位档案部门提出销毁意见,并( ),会同财务会计部门进行共同鉴定及严格审查。
   A. 编造保管会计档案清册
   B. 编造会计档案销毁清册
   C. 编造需要销毁档案清册
   D. 编造会计档案鉴定清册

8. 建设单位( )在建设期间的会计档案。

A. 可以销毁 B. 可以借用
C. 可以移交 D. 不得销毁

9. 为保证企业经济业务能够在记账凭证中得以正确的反映,应对记账凭证的编制进行( )。

A. 鉴定 B. 审核
C. 改错 D. 分析

10. 使用单式记账凭证的企业往往是业务量较多的企业,一般业务量的企业基本是采用( )。

A. 复式记账凭证 B. 通用式记账凭证
C. 专用式记账凭证 D. 单式记账法

三、多项选择题(下列各题,有两个或两个以上符合题意的正确答案,请将正确答案填入括号内)

1. 所谓记账凭证是会计人员根据审核无误的原始凭证编制的,用以分类反映( )的增减变化,确定( ),作为( )依据的书面证明文件。

A. 会计要素 B. 会计分录
C. 登记账簿 D. 编制报表
E. 凭证填制

2. 作为证明的凭据可以是口头证明、( )包括录音磁带、录像带、光盘等证明。

A. 宪法证明 B. 经济法规
C. 会计法规 D. 书面证明
E. 磁介质

3. 凭证的客观性是指凭证所列的信息应该是( )。

A. 可比的 B. 真实的
C. 可靠的 D. 一致的
E. 可验证的

4. 记账凭证主要是按适用的经济业务来分类,分为( )。

A. 通用式记账凭证　　　B. 累计凭证
C. 一次凭证　　　　　　D. 专用式记账凭证
E. 分项式记账凭证

5. 记账凭证按对一项经济业务所涉及的借贷科目是集中还是分散登记,可以分为(　　)。

A. 单式记账法　　　　　B. 复式记账法
C. 复式记账凭证　　　　D. 单式记账凭证
E. 通用式记账凭证

6. 付款凭证是登记企业现金、银行存款的支出业务的凭证,则按(　)科目开设,按(　)科目归类。

A. 借贷方　　　　　　　B. 增方
C. 减方　　　　　　　　D. 贷方
E. 借方

7. 一般的记账凭证均应附有原始凭证,以下情况除外(　　)。

A. 购销业务　　　　　　B. 调整账项业务
C. 结账业务　　　　　　D. 改错业务
E. 现金业务

8. 附有原始凭证的附件张数,均应根据所附原始凭证(　　)填写。若有汇总原始凭证的,则按(　　)填写。

A. 计划张数　　　　　　B. 业务大小
C. 实际张数　　　　　　D. 汇总原始凭证的张数
E. 汇总原始凭证附件张数

9. 会计人员必须按照国家统一的会计制度的规定对原始凭证进行审核,对(　)的原始凭证有权不予接受,并向单位负责人报告。

A. 不合法　　　　　　　B. 不熟悉
C. 不真实　　　　　　　D. 不了解
E. 不认识

10. 原始凭证按使用的次数进行分类,可以分为( )。
   A. 一次凭证 B. 外来凭证
   C. 累计凭证 D. 汇总原始凭证
   E. 自制凭证

四、判断题(在每小题后面的括号内填入判断结果,正确的打"√",错误的打"×")

1. 真实性是指凭证所列的信息是以原始凭证为依据,反映经济业务的实际情况。( )

2. 原始凭证是记录未发生经济业务,明确经济责任,作为记账依据的原始书面文件。( )

3. 每笔经济业务的发生和完成情况都要填制凭证,有关经手人员都要签名盖章,以示签字者的责任。( )

4. 企业与企业签订的销售协议是典型的作为记账依据的原始凭证。( )

5. 记账凭证是本单位会计人员编制的,反映的是经济业务的内容,应借、应贷的科目,记账方向及记账金额,其作用是作为登记账簿的直接依据。( )

6. 企业的出纳人员可以负责登记总账的工作。( )

7. 原始凭证是经济业务发生或完成的最初证明,是伴随着经济业务的发生而取得或填制的。( )

8. 当销售方企业收到支票或银行汇票等凭证后,还应填写银行进账单,并会同上述凭证一并解交银行,银行才能据此将款项划入该企业账户中。( )

9. 原始凭证必须是由税务部门统一印制与发行的。( )

10. 由于原始凭证是经济业务发生时的原始证明文件,因此应根据经济业务完成或期末的时间填写凭证,并按凭证传递的作业规范,将凭证按时传递给有关部门或人员,以免延误业务。
( )

五、计算分析题(凡需计算的,应列出有关计算过程,小数点后保留两位)

根据原始凭证,练习万泰技术咨询服务公司记账凭证的填制。

(1)东方机电公司投资成立一家全资子公司——万泰技术咨询服务公司,投入注册资本10万元。下面是万泰技术咨询公司收到的原始凭证。

交通银行　　电划贷方补充报单

顺序号 00095　报单日期 2012/1/1　收报日期 2012/1/1　报单号码 100112278

发报行行号		11407	收报行行号		62888	
发报行行名		上海分行	收报行行名		杭州分行	
付款人全称		东方机电公司				
付款人账号		1005066008025001203				
收款人全称		万泰技术咨询服务公司				
收款人账号或地址		7100151023376				
业务种类		汇兑业务	托收号码/汇票号码		划款次数	签发日期
业务编号			起息日		账户行	
货币与金额		小写:RMB 100 000.00				
		大写:人民币壹拾万元整				
事由:投资款(城南支)						
赔偿金额			科目:(借)506 联行来账			
拒付金额			(银行盖章)　对方科目:(贷)			
多付金额			会计:　　复核:　　经办:			

注:此凭证需由银行打印并签章才有效　　打印操作员:丁一　　No.02216053

根据上述原始凭证,应编制的记账凭证为:

收 款 凭 证

收字第＿＿＿号
借方科目:　　　　　　　年　月　日　　　　　附件＿＿＿张

对方单位	摘要	贷方科目		金额								记账符号
		总账科目	明细科目	十	万	千	百	十	元	角	分	

(续表)

对方单位	摘要	贷方科目		金额								记账符号
		总账科目	明细科目	十万	千	百	十	元	角	分		
银行结算方式及票号：			合　计									

会计主管　　　记账　　　稽核　　　出纳　　　制证

（2）万泰技术咨询服务公司从杭州开道办公设备公司购入佳能复印机一台，作为办公设备（不需安装），货款当即用支票支付。下面是万泰公司收到的原始凭证。

3300033145　　　**××增值税专用发票**　　　No. 00001234

发 票 联

开票日期 2012 年 1 月 2 日

购货单位	名称：万泰技术咨询服务公司 纳税人识别号：332106819696003 地址、电话：杭州市东三路 12 号 98989898 开户银行及账号：交行 7100151023376	密码区	（略）			
货物及劳务名称	规格型号	单位	数量	单价	金额	税率	税额
佳能复印机	H517	台	1	30 000	30 000	17%	5 100
合　计					￥30 000		￥5 100
价税合计（大写）	叁万伍仟壹佰元整				（小写）￥35 100.00		
销货单位	名称：杭州开道办公设备公司 纳税人识别号：332107719396005 地址、电话：杭州市北京路 67 号 67898800 开户银行及账号：商银 765500109423339	备注				

收款人：　　　复核：　　　开票人：黄利　　　销货单位（章）

```
┌─────────────────────────────────┐
│      交通银行(浙)                │
│      转账支票存根                │
│      AA                          │
│      ──36825379                  │
│      01                          │
│                                  │
│   科目_____            │
│   对应科目_____            │
│   开票日期 2012 年 1 月 2 日     │
│   ┌─────────────────┐            │
│   │                 │            │
│   │                 │            │
│   └─────────────────┘            │
│                                  │
│   单位主管 王宏   会计 张显      │
└─────────────────────────────────┘
```

根据上述原始凭证,应编制的记账凭证为:

付 款 凭 证

付字第___号

贷方科目:　　　　　年　月　日　　　　附件____张

对方单位	摘要	借方科目		金　　　　额								记账符号
		总账科目	明细科目	十万	千	百	十	元	角	分		
银行结算方式及票号:			合　计									

会计主管　　　记账　　　稽核　　　出纳　　　制证

(3)万泰技术咨询服务公司财务科需提取现金5 000元,以作备用金。当即开出现金支票。要求填制现金支票及该业务的记账凭证。

交通银行	交通银行　现金支票	$\frac{AB}{01}$563445
现金支票存根 $\frac{AB}{01}$563445 科目_____ 对方 科目_____ 出票日期 收款人： 金额： 用途：	出票日期(大写)　年 月 日　付款行名称： 收款人：　　　　　　　出票行账号： 人民币（大写）　　　　百十万千百十元角分 用途_____　　　科　目(借)_____ 上列款项请从　　　对方科目(贷)_____ 我账户内支付　　　转账日期　年 月 日 出票人(签)　　　　复核　　　记账 7100151023376：　　7100151023376：01	

根据上述原始凭证，应编制的记账凭证为：

付款凭证

付字第___号

贷方科目：　　　　　　年 月 日　　　　　　附件____张

对方单位	摘要	借方科目		金　　额									记账符号
		总账科目	明细科目	十	万	千	百	十	元	角	分		
银行结算方式及票号：			合　　计										

会计主管　　　记账　　　稽核　　　出纳　　　制证

（4）万泰技术咨询服务公司计算本月应付工资，由于企业刚开业，雇佣人员尚未完全到位，因此，本月只有四个人工资，其中：经理王宏3 000元，代扣养老金166元及个人所得税110元；出纳方华800元;会计张显800元;业务员章小钢2 000元,代扣养老金105元及个人所得税60元。

注:假定1:方华及张显系退休人员返聘,按规定不需要缴纳养老金,其工资若在3 500元之内免交个人所得税。

假定2:1月工资1月3日发,个人所得税、个人自理的养老金于2月10前由企业代交;上述工资均属管理费用。

要求:

(1)编制1月份工资单。

(2)编制相应的记账凭证。

月份工资表

编制日期　　　　　　年　月　日　　　表　第　号　总　页

序号	工号及姓名	基本工资	病事假工资		应发工资	代扣款项		实发金额	领款人签章
			天数	工资		养老金	个人所得税		
1									
2									
3									
4									
合计									

转账凭证

　　　　　　　　　　　　　　　　　　　　　　　转字第___号

　　　　　　　　　　年　月　日　　　　　　　附件___张

摘　要	总账科目	明细科目	借方金额 十万千百十元角分	记账符号	贷方金额 十万千百十元角分	记账符号

(续表)

摘要	总账科目	明细科目	借方金额									记账符号	贷方金额									记账符号
			十	万	千	百	十	元	角	分		十	万	千	百	十	元	角	分	
合　　　计																				

会计主管　　　　　记账　　　　　稽核　　　　　制证

第六章　会 计 账 簿

复习思路

登记账簿是会计核算工作中的重要环节,本章内容主要是掌握账簿的登记方法以及错账的更正、账簿的更换与保管。本章的复习,需要从以下几个方面进行:①掌握账簿的种类与格式:账簿的种类与格式不同,其登记要求和具体的登记方法也有所不同。②掌握对账的内容:为了保证账簿登记的准确性和完整性,需要进行账簿记录的核对。③掌握结账的程序:当一定的会计期间结束后,应在期末对账户记录做一个总结,即结账。④掌握更正错账的方法及其适用范围。⑤掌握账簿的更换与保管要求。

基本概念

会计账簿　序时账簿　分类账簿　备查账簿　订本式账簿　活页式账簿　卡片式账簿　现金日记账　银行存款日记账　总分类账　明细分类账　平行登记　对账　账证核对　账账核对　账实核对　结账　划线更正法　红字更正法　补充登记法

练　习　题

一、**填空题**(在每小题中的横线内填入正确答案)

1. 会计账簿是指由具有一定格式的账页组成的,以_____为依据,全面、系统、连续地记录各项经济业务的簿籍。

2. 我国会计实务中最常见的特种日记账是_____和_____。

3. 明细账一般采用_____账簿形式，由会计人员根据审核无误的_____逐笔或定期汇总登记。

4. 总分类账户对其所属明细分类账户起着_____作用；明细分类账户则对其所归属的总分类账户起着_____作用。

5. 备查账簿是对某些在_____和_____中未能记载或记载不全的事项进行补充登记的辅助账簿。

6. 登记账簿时，要用_____书写，不得用_____书写。

7. 更正错账的方法主要有_____、_____和_____三种。

8. 会计账簿的保管期限，根据《会计档案管理办法》的规定办理，至少保存_____年，现金日记账、银行存款日记账一般保管_____年。

9. 结账的标志是_____，目的是_____，表示本期的会计记录已经截止或者结束，并将本期与下期的记录明显分开。

10. 一般来说，_____都要每年更换一次，对于少数变动较小的明细账，如_____，可以继续使用，不必每年更换新账。

二、单项选择题（在备选答案中选取一个最佳答案）

1. 设置和登记会计账簿是(   )的基础。
   A. 填制原始凭证　　　　B. 编制会计分录
   C. 编制会计报表　　　　D. 填制记账凭证

2. 日记账是按照经济业务发生的时间先后顺序，(   )登记经济业务的账簿。
   A. 定期逐笔　　　　　　B. 逐日逐笔
   C. 顺序　　　　　　　　D. 汇总

3. 明细分类账主要有三栏式、数量金额式和多栏式三种格式,其划分的依据是( )。

   A. 按外表形式
   B. 按其用途
   C. 按提供指标的详细程度
   D. 管理要求和记录的经济内容

4. 订本账的优点是( )。

   A. 可以防止抽换账页,避免账页散失
   B. 便于记账分工
   C. 便于机器记账
   D. 账页可多可少,不会造成浪费

5. 根据记账规则的要求,文字和数字要书写端正、清楚,不写满格,一般应占格距的( )。

   A. 1/3   B. 1/2
   C. 2/3   D. 3/4

6. "在途物资"明细账的格式应采用( )。

   A. 三栏式   B. 数量金额式
   C. 两栏式   D. 多栏式

7. 生产成本明细账借方各专栏设置的依据是( )。

   A. 成本项目   B. 总成本和单位成本
   C. 对方科目   D. 产品品种名称

8. 银行存款日记账同开户银行之间账目的核对,是( )核对。

   A. 账证   B. 账账
   C. 账实   D. 账表

9. 记账以后,如果发现记账凭证中应借应贷科目发生错误,可采用( )进行更正。

   A. 划线更正法   B. 红字更正法
   C. 补充登记法   D. 蓝字更正法

10. 会计结账的时间一般应为（ ）。

　　A. 每项经济业务完成时

　　B. 每一个工作日终了时

　　C. 会计报表编制完成之后

　　D. 每一个会计期末

三、多项选择题（下列各题，有两个或两个以上符合题意的正确答案，请将正确答案填入括号内）

1. 任何会计主体必须设置的账簿有（ ）。

　　A. 现金日记账　　　　B. 银行存款日记账

　　C. 总分类账　　　　　D. 备查账簿

　　E. 明细分类账

2. 银行存款日记账的登记依据有（ ）。

　　A. 银行存款收款凭证　B. 现金收款凭证

　　C. 银行存款付款凭证　D. 现金付款凭证

　　E. 转账凭证

3. 明细分类账可根据（ ）登记。

　　A. 记账凭证　　　　　B. 原始凭证

　　C. 科目汇总表　　　　D. 汇总记账凭证

　　E. 汇总原始凭证

4. 下列应采用三栏式明细账的有（ ）。

　　A. 应收账款　　　　　B. 管理费用

　　C. 短期借款　　　　　D. 库存商品

5. 总分类账簿与明细分类账簿平行登记的要求是（ ）。

　　A. 登记金额必须相等　B. 记账方向必须一致

　　C. 原始依据必须一致　D. 记账必须为同一人

6. 用红色墨水登记账簿时，适用于下列情况（ ）。

　　A. 按照红字冲账的记账凭证，冲销记录

　　B. 在不设减少金额栏的多栏式明细账中，登记减少数

C. 期末结账时的划线

D. 会计制度中规定用红字登记的其他记录

7. 记账时不得隔页、跳行登记,如果发现隔页、跳行时,不得随意涂改,应将（　　）。

A. 空页、空行用红线对角划销

B. 账页撕下并装入档案保存

C. 注明"此页空白"、"此行空白"字样

D. 由记账人员签名盖章

8. 下列业务,不需编制记账凭证的有（　　）。

A. 采用划线更正法更正错账时

B. 采用红字更正法更正错账时

C. 采用补充登记法更正错账时

D. 年终新旧账簿之间的余额结转

9. 账实核对的主要内容有（　　）。

A. 核对现金日记账账面余额与库存现金数额

B. 核对银行存款日记账账面余额与银行对账单余额

C. 核对各项财产物资明细账账面余额与财产物资的实有数额

D. 核对有关债权债务明细账账面余额与对方单位的账面记录

10. 企业会计核算中,期末结账前对账的主要内容包括（　　）。

A. 账证核对　　　　　B. 账账核对

C. 账表核对　　　　　D. 账实核对

E. 表表核对

四、判断题(在每小题后面的括号内填入判断结果,正确的打"√",错误的打"×")

1. 活页账的页数不固定,使用前以及使用后不加以装订,可

根据实际需要进行添加。   （   ）

2. 在登记账簿时,应在记账凭证上注明所记账簿的页数,或划"√"符号,表示已经入账,避免重记、漏记。   （   ）

3. 现金日记账是由会计人员根据审核后的现金收、付款凭证逐日逐笔顺序登记的。   （   ）

4. 采购员预借差旅费 2 000 元,开出现金支票支付,该笔业务应登记在现金日记账中。   （   ）

5. 记账后,如果发现记账凭证中的会计科目并无错误,只是所填金额大于应填金额,可采用红字更正法予以更正。   （   ）

6. 各单位保存的会计账簿,任何人不得查阅、借出和复制。
                                                        （   ）

7. 实行会计电算化的单位,总账和明细账应当定期打印。
                                                        （   ）

8. 当一笔经济业务发生时,在总分类账上登记了,就不用在明细分类账上登记;在明细分类账上登记了,就不用在总分类账上登记。   （   ）

9. 月结、季结和年结的结账方法相同,都要计算出本期发生额合计和期末余额,并在下面划一条通栏红线。   （   ）

10. 企业的各种会计账簿,保管期满后,可直接销毁。（   ）

五、计算分录题(凡需计算的,应列出有关计算过程,小数点后保留两位)

(一) 北方公司 2012 年 7 月 31 日银行存款日记账余额为 380 000 元,现金日记账余额为 1 500 元。8 月份发生下列涉及现金和银行存款的收支业务:

(1) 2 日,用银行存款上缴税款 5 000 元。

(2) 2 日,收到投资者的投资款 200 000 元,存入银行。

(3) 3 日,以银行存款 58 500 元偿付应付账款。

(4) 4 日,用现金购买办公用品 120 元。

(5) 5日,从银行提取现金95 000元,准备发放工资。

(6) 5日,用现金95 000元发放职工工资。

(7) 6日,职工王平出差,预借差旅费800元,以现金支付。

(8) 7日,从银行提取现金1 000元以备日常开支。

(9) 8日,用银行存款支付销售产品的运杂费1 200元。

(10) 10日,收回应收账款70 200元存入银行。

(11) 12日,购买材料一批,价款30 000元,增值税额5 100元,用银行存款支付,材料尚未运到企业。

(12) 12日,以银行存款支付购买材料运费600元。

(13) 20日,销售产品一批,价款80 000元,增值税额13 600元,款项已收到存入银行。

(14) 24日,用银行存款支付本月水电费3 200元。

要求:

(1) 根据上述经济业务编制会计分录,并注明凭证种类及号数。

(2) 登记现金日记账和银行存款日记账。

会计分录习题用纸

序号	日期	摘　　要	账户名称	过账	借方金额	贷方金额

(续表)

序号	日期	摘　　要	账户名称	过账	借方金额	贷方金额

(续表)

序号	日期	摘　要	账户名称	过账	借方金额	贷方金额

银行存款日记账

年		凭证		摘　要	对方科目	收入	付出	余额
月	日	字	号					

现金日记账

年		凭证		摘　要	对方科目	收入	付出	余额
月	日	字	号					

(二) 华天公司2012年10月31日"原材料"和"应付账款"账户余额如下：

1. 总分类账户余额："原材料" 9 150元；"应付账款" 5 820元。
2. 明细分类账户余额如下：

(1) 原材料

材料名称	数量(千克)	单价(元/千克)	金额(元)
A材料	2 500	0.90	2 250
B材料	2 000	0.60	1 200
C材料	3 000	1.00	3 000
D材料	1 800	1.50	2 700
合　计			9 150

(2) 应付账款

供应单位名称	金额(元)
新华工厂	1 320
前进工厂	1 500
江南工厂	3 000
合　计	5 820

3. 该公司11月份发生下列经济业务(假定购进材料不通过"在途物资"账户,不考虑增值税因素):

(1) 2日,生产产品领用A材料1 800千克,单价0.90元;领用B材料1 500千克,单价0.60元。

(2) 4日,以银行存款偿还前欠货款1 920元,其中新华厂420元,前进厂1 500元。

(3) 7日,向新华厂购入A材料600千克,单价0.90元;B材料800千克,单价0.60元,材料均已验收入库,货款尚未支付。

(4) 9日,以银行存款偿还前欠江南厂货款3 000元。

(5) 13日,生产产品领用C材料2 000千克,单价1.00元;D材料1 200千克,1.50元。

(6) 15日,向前进厂购进D材料500千克,单价1.50元;C材料400千克,单价1.00元,材料已验收入库,货款尚未支付。

(7) 18日,以银行存款偿还前欠新华厂货款900元。

(8) 21日,生产产品领用A材料800千克,单价0.90元;C材料1 200千克,单价1.00元。

(9) 24日,向江南厂购入C材料1 000千克,单价1.00元,货款当即以银行存款支付。

(10) 27日,向新华厂购入A材料500千克,单价0.90元;B材料200千克,单价0.60元,材料已验收入库,货款尚未支付。

要求:

(1) 开设"原材料"、"应付账款"总分类账户和明细分类账户,并登记期初余额。

(2) 根据上述经济业务编制会计分录,登记"原材料"、"应付账款"总账及相关明细账(其他账户从略)。

(3) 结出各账户的本期发生额和期末余额。

(4) 编制总分类账户与明细分类账户本期发生额及余额对照表。

会计分录习题用纸

序号	日期	摘要	账户名称	过账	借方金额	贷方金额

(续表)

序号	日期	摘要	账户名称	过账	借方金额	贷方金额

总 分 类 账

会计科目:原材料

年		凭证	摘要	借方	贷方	借或贷	余额
月	日	字号					

会计科目:应付账款

年		凭证	摘要	借方	贷方	借或贷	余额
月	日	字号					

原材料明细分类账

材料名称:A 材料

年		凭证	摘　要	单价	收入		发出		结存	
月	日	字号			数量	金额	数量	金额	数量	金额

材料名称:B 材料

年		凭证	摘　要	单价	收入		发出		结存	
月	日	字号			数量	金额	数量	金额	数量	金额

材料名称:C 材料

年		凭证	摘　要	单价	收入		发出		结存	
月	日	字号			数量	金额	数量	金额	数量	金额

(续表)

年		凭证		摘　要	单价	收入		发出		结存	
月	日	字	号			数量	金额	数量	金额	数量	金额

材料名称：D材料

年		凭证		摘　要	单价	收入		发出		结存	
月	日	字	号			数量	金额	数量	金额	数量	金额

应付账款明细账

单位名称：新华厂

年		凭证		摘　要	借方	贷方	借或贷	余额
月	日	字	号					

单位名称：江南厂

年		凭证		摘　要	借方	贷方	借或贷	余额
月	日	字	号					

(续表)

年		凭证		摘　要	借方	贷方	借或贷	余额
月	日	字	号					

单位名称：前进厂

年		凭证		摘　要	借方	贷方	借或贷	余额
月	日	字	号					

原材料总分类账户与明细分类账户发生额及余额对照表

账户名称	月 初 余 额		本 期 发 生 额		月 末 余 额	
	借方	贷方	借方	贷方	借方	贷方

应付账款总分类账户与明细分类账户发生额及余额对照表

账户名称	月 初 余 额		本 期 发 生 额		月 末 余 额	
	借方	贷方	借方	贷方	借方	贷方

（三）某企业 2012 年 8 月末在对账过程中，发现以下记账错误：

1. 以银行存款 10 300 元购入设备一台，已交付使用，登记入账时错记为 1 030 元。

2. 以现金支付购入材料的装卸费 100 元，误作为"销售费用"处理。

3. 收回上月销售货款计 38 500 元，存入银行。原记账凭证上误记为 35 800 元，并已经据以登记入账。

4. 收到银行通知，已偿还银行短期借款 24 200 元和支付 3 个月借款利息 900 元。原记账凭证借方记作短期借款 25 100 元，并已据以入账。

5. 以银行存款支付下季度厂部报刊预订费 1 200 元，原记账凭证记作管理费用，并已据以入账。

要求：根据以上资料采用适当的记账错误更正方法予以更正。

（四）某公司 20××年 9 月 30 日编制的结账前试算平衡表如下：

××公司结账前试算表

20××年 9 月 30 日

账 户 名 称	借 方 金 额	贷 方 金 额
库存现金	2 400	
银行存款	138 000	
应收账款	64 000	
原材料	83 000	
库存商品	96 000	
生产成本	19 000	
固定资产	670 000	

(续表)

账户名称	借方金额	贷方金额
累计折旧		120 000
短期借款		40 000
应付账款		72 000
实收资本		800 000
主营业务收入		148 000
主营业务成本	75 000	
销售费用	9 800	
管理费用	9 800	
财务费用	500	
合计	1 167 500	1 180 000

由于编制记账凭证或过账过程中存在某些错误,故该表未能平衡。经核查有关记录,发现有下列错误:

(1) 收回货款9 800元存入银行,记账凭证中误记为8 900元。

(2) 购买商品一批,价款8 500元,已支付,误作为固定资产处理。

(3) 用银行存款代购货单位支付购货运杂费3 200元,误作为公司的销售费用处理。

(4) 以银行存款偿付所欠货款4 900元,过账时"应付账款"账户误记入贷方。

(5) 赊销商品一批,价款18 600元,过账时"应收账款"账户借方误记为16 800元。

(6) 主营业务收入中有一笔为6 700元,过账时误记为7 600元。

要求:

(1) 根据上述资料用适当的方法更正记账错误。

(2) 编制一张正确的试算表。

××公司试算表

20××年9月30日

账户名称	借方金额	贷方金额
库存现金		
银行存款		
应收账款		
原材料		
库存商品		
生产成本		
固定资产		
累计折旧		
短期借款		
应付账款		
实收资本		
主营业务收入		
主营业务成本		
销售费用		
管理费用		
财务费用		
合计		

第七章 财产清查

复习思路

财产清查的基本目的是为了保证账实相符。对于本章的学习,应从以下几方面入手:领悟财产清查的重要意义;了解财产清查的基本概念;了解财产清查的具体内容和对不同类别财产进行清查时所采用的基本方法;重点是掌握对各类财产清查结果的处理方法及"待处理财产损溢"账户的用法和结构。

基本概念

财产清查　全部清查　局部清查　定期清查　不定期清查　未达账项　银行存款余额调节表　存货盘存制度　永续盘存制　实地盘存制　盘盈　盘亏

练习题

一、**填空题**(在每小题中的横线内填入正确答案)

1. 单位主要负责人调离工作前应进行_____清查。

2. 库存现金的清查是通过_____法进行的。

3. "现金盘点报告表"应由_____和_____共同签章才能生效。

4. "未达账项"是指对于同一项经济业务,由于_____差异,造成企业与银行之间,一方已登记入账,而另一方因未收到结算凭证而未能登记入账的款项。

5. 财产物资的盘存制度有_____和_____两种。

6. 对于各种往来结算款项的清查,一般采用_____法。

7. 财产清查的最终结果通常有三种情况:一是_____;二是_____;三是_____。

8. 企业清查的各种财产物资的损益,应查明原因,并根据企业的管理权限,经股东大会或董事会,或经理(厂长)会议或类似机构批准后,在_____前处理完毕。

9. 企业存货发生盘亏,在报经批准后,属于一般经营损失的部分,计入_____。

10. 对于确实无法支付的应付款项,经批准后,直接转入_____。

二、单项选择题(在备选答案中选取一个最佳答案)

1. 实地盘存制和永续盘存制的主要区别是( )。
   A. 盘点的方法不同　　B. 盘点的目的不同
   C. 盘点的工具不同　　D. 盘亏结果处理不同

2. 更换现金保管人员时所进行的清查属于( )。
   A. 定期清查和局部清查　　B. 定期清查和全部清查
   C. 不定期清查和全部清查　D. 不定期清查和局部清查

3. 为了明确经济责任,进行财产物资盘点时,有关( )人员必须在场,并参加盘点工作。
   A. 出纳　　　　　　B. 保管
   C. 会计　　　　　　D. 单位负责人

4. 对于银行已经入账而本单位尚未入账的未达账项,企业应该( )。
   A. 立即入账　　　　B. 任意处理
   C. 等结算凭证到达后入账　D. 记入银行存款日记账

5. 某企业财产物资账面期初余额 10 000 元,本期增加额

5 000元,采用永续盘存制确定的本期减少额 12 000 元。如果该企业对财产物资采用实地盘存制度,期末盘点的实存额 4 000 元,两种方法确定的本期减少额之间相差( )。

  A. 1 000 元   B. 3 000 元
  C. 1 300 元   D. 1 100 元

 6. 对于大堆、笨重的材料物资实存数的确定,一般采用( )。

  A. 实地盘点   B. 抽查检验
  C. 查询核对   D. 技术推算盘点

 7. 月末,企业银行存款实际可以动用的数额为( )。

  A. 银行对账单余额加上企业已收、银行未收款项,减去企业已付、银行未付款项
  B. 银行对账单余额
  C. 银行存款日记账余额
  D. 银行存款日记账余额加上银行已收、企业未收款项

 8. 下列单据中应由财会部门编制的,并可直接作为调整账簿记录的原始凭证是( )。

  A. 银行存款余额调节表   B. 存货盘存单
  C. 实存账存对比表   D. 银行对账单

 9. 永续盘存制与实地盘存制相比,其最主要的优点是( )。

  A. 有利于加强存货管理和保护财产安全
  B. 有利于提高会计工作效率
  C. 简化财产领用手续
  D. 简化会计核算工作

 10. 对存货盘点时,如果发生盘亏,应当( )。

  A. 保持原账面记录不变
  B. 增加原账面记录
  C. 减少原账面记录

D. 报经批准后再调整账面记录

三、多项选择题(下列各题,有两个或两个以上符合题意的正确答案,请将正确答案填入括号内)

1. 全面清查的范围广,参加的部门和人员多,在(　　),需进行全面清查。
   A. 年终决算前　　　　B. 单位合并时
   C. 开展清产核资时　　D. 更换出纳员时

2. 采用实地盘存制,计算出的本期存货耗用成本可能包括(　　)。
   A. 正常耗用金额　　　B. 损失金额
   C. 差错金额　　　　　D. 结存金额

3. 导致企业的银行存款账面余额小于银行对账单余额的未达账项有(　　)。
   A. 企业已收款入账,而银行尚未入账的账项
   B. 企业已付款入账,而银行尚未入账的账项
   C. 银行已收款入账,而企业尚未入账的账项
   D. 银行已付款入账,而企业尚未入账的账项

4. "待处理财产损溢"账户借方核算的内容有(　　)。
   A. 发生的待处理财产的盘亏数和毁损数
   B. 结转已批准处理的财产盘盈数
   C. 发生的待处理财产的盘盈数
   D. 转销已批准处理的财产盘亏数和毁损数

5. 现金盘点结束后,应在"现金盘点报告表"上签名盖章的有关人员有(　　)。
   A. 记账人员　　　　　B. 盘点人员
   C. 出纳人员　　　　　D. 总账会计

6. 永续盘存制的特点有(　　)。
   A. 平时不登记发出存货的数量和金额

B. 可以简化存货的核算工作

C. 有利于加强存货控制和管理

D. 可以通过实地盘点核对账实是否相符

7. 不定期清查主要是用于下列情况(　　)。

　　A. 更换实物负责人

　　B. 财产物资遭受意外损失

　　C. 企业发生关、停、并、转

　　D. 年终会计决算

　　E. 有关部门对企业经济活动进行会计检查

8. 对于盘亏的财产物资,经批准后进行账务处理,可能涉及的借方账户有(　　)。

　　A. "管理费用"　　　　B. "营业外支出"

　　C. "营业外收入"　　　D. "其他应收款"

　　E. "待处理财产损溢"

9. 下列可用作原始凭证,调整账簿记录的有(　　)。

　　A. 实存账存对比表

　　B. 未达账项登记表

　　C. 现金盘点报告表

　　D. 银行存款余额调节表

　　E. 结算款项核对登记表

10. 采用实地盘点法进行清查的项目有(　　)。

　　A. 固定资产　　　　B. 库存商品

　　C. 银行存款　　　　D. 往来款项

　　E. 库存现金

四、判断题(在每小题后面的括号内填入判断结果,正确的打"√",错误的打"×")

1. 在实际工作中,通过加强会计凭证的日常审核,定期进行账账、账证核对,就能保证账实相符。　　　　　　　　(　　)

2. 不定期清查可以是全面清查也可以是局部清查。（　　）

3. 采用永续盘存制的企业,仍需在期末对存货进行清查盘点,以确定存货的实际数量和成本。（　　）

4. 定期清查一般是在结账以后进行。（　　）

5. 存货发生盘盈时应暂不作账务处理,待查明原因后,再调整账簿记录。（　　）

6. 在企业撤销或兼并时,要对企业的部分财产进行重点清查。（　　）

7. 在进行财产清查前,应先保证账账相符。（　　）

8. 财产清查是指对实物资产进行的盘点或核对,确定其实存数,查明账存数与实存数是否相符的一种专门方法。（　　）

9. 通过"银行存款余额调节表"可以检查账簿记录上存在的差错。（　　）

10. 对企业发生的坏账损失,不通过"待处理财产损溢"账户核算。（　　）

五、计算分录题(凡需计算的,应列出有关计算过程,小数点后保留两位)

（一）北方公司20××年4月30日"银行存款日记账"余额为326 000元,"银行对账单"余额为385 000元。经查,发现有以下未达账项:

1. 4月26日,委托银行收取货款120 000元,银行已收妥入账,而企业尚未收到银行的收款通知。

2. 4月28日,企业开出转账支票支付购买材料款15 000元,企业已入账,持票人尚未到银行办理转账,因而银行尚未记账。

3. 4月29日,银行为企业代付电费6 000元,企业尚未接到银行的付款通知,故未登记入账。

4. 4月30日,企业收到购货单位交来转账支票一张,归还前欠货款70 000元,企业已记账,银行尚未记账。

要求：根据以上有关内容，编制"银行存款余额调节表"，并分析调节后是否需要编制有关会计分录。

银行存款余额调节表

20××年4月30日　　　　　　　　　　　　　　单位：元

项　　目	金　　额	项　　目	金　　额
企业银行存款日记账余额		银行对账单余额	
加：银收企未收		加：企收银未收	
减：银付企未付		减：企付银未付	
调节后余额		调节后余额	

（二）资料：

1. 发达公司20××年5月1日"银行存款"账户余额为680 000元。5月发生下列收付业务：

（1）2日，签发转账支票（648#），偿还前欠甲公司货款100 000元。

（2）6日，月初委托银行向丙单位收取的货款58 600元已收妥入账。

（3）8日，销售产品一批，售价30 000元，增值税额5 100元，收到转账支票一张，当即送存银行。

（4）12日，签发现金支票（302#），从银行提取现金1 000元备用。

（5）18日，签发转账支票（649#），支付本月电话费5 000元，其中车间500元，厂部1 500元，销售部门3 000元。

（6）20日，从银行汇往外地丁单位58 500元，支付购买A材料货款50 000元和增值税额8 500元。材料尚未到达。

（7）22日，从本市甲公司购进A材料80 000元，增值税额13 600元，签发转账支票（650#）支付，材料已入库。

(8) 25 日,签发现金支票(303#),从银行提取现金 36 000 元备发工资。

(9) 26 日,发放工资,付出现金 36 000 元。

(10) 27 日,收到外地丙单位汇款凭证的收账通知,汇来 60 000 元,归还前欠本单位货款。

(11) 28 日,签发转账支票(651#),支付办公设备修理费 15 000 元。

(12) 29 日,销售产品一批,售价 40 000 元,增值税额 6 800 元,收到转账支票一张。当即送存银行。

(13) 30 日,签发转账支票(652#),支付下半年财产保险费 12 000 元。

(14) 31 日,3 个月前丙单位签发并承兑的商业汇票今日到期,收回票款 100 000 元,存入银行。

(15) 31 日,销售给外地丙单位产品一批,售价 100 000 元,增值税额 17 000 元,发货时签发转账支票(653#)代对方垫付运费 2 000 元,已办妥委托银行收款手续。

(16) 31 日,签发转账支票(654#)购买设备一套,交付使用,价款、增值税、运费等共计 220 000 元。

2. 5 月 31 日"银行对账单"资料如下:

××××年		摘 要	结算凭证		存 入	支 出	余 额
月	日		种类	号数			
5	1	期初余额					680 000
	2	付甲公司	转支	648		100 000	580 000
	6	收丙单位	委收		58 600		638 600
	8	存销货款	进账单		35 100		673 700
	12	付现金	现支	302		1 000	672 700
	20	付丁单位	信汇			58 500	614 200

(续表)

××××年		摘　要	结算凭证		存　入	支　出	余　额
月	日		种类	号数			
	20	付电话费	转支	649		5 000	609 200
	25	付现金	现支	303		36 000	573 200
	26	付甲公司	转支	650		93 600	479 600
	26	收丙单位	信汇		60 000		539 600
	29	付修理费	转支	651		15 000	524 600
	30	收销货款	进账单		46 800		571 400
	31	收回欠款	商业汇票		100 000		671 400
	31	垫付运费	转支	653		2 000	669 400
	31	支付电费	托收			2 000	667 400
	31	托收款划回	托收		65 000		732 400

3. 要求：

(1) 根据上述资料编制会计分录(代记账凭证)，注明会计凭证的种类并进行编号，然后据以登记银行存款日记账(其他账户略)。

(2) 将银行对账单与银行存款日记账逐笔核对，找出未达账项，并编制余额调节表。

会计分录习题用纸

序号	日期	摘　要	账户名称	过账	借方金额	贷方金额

(续表)

序号	日期	摘　要	账户名称	过账	借方金额	贷方金额

(续表)

序号	日期	摘　　要	账户名称	过账	借方金额	贷方金额

(续表)

序号	日期	摘　　要	账户名称	过账	借方金额	贷方金额

银行存款日记账

年		凭证		摘　要	结算凭证		对应科目	收入	支出	余额
月	日	字	号		种类	号数				

银行存款余额调节表

20××年 月 日　　　　　　　　　　　　　单位:元

项　　目	金　　额	项　　目	金　　额
企业银行存款日记账余额		银行对账单余额	
加:银收企未收		加:企收银未收	
减:银付企未付		减:企付银未付	
调节后余额		调节后余额	

(三) 资料:

1. 某公司期末进行财产清查,在清查中发现下列问题:

(1) 甲材料盘盈 690 元。

(2) 乙材料盘亏 1 200 元。

(3) 丙材料因霉变毁损 2 000 元。

(4) A 产品盘亏 300 元。

(5) B 产品盘盈 800 元。

(6) 应收职工李某的借款 3 000 元,现李某已病故,无法收回。

(7) 应付某单位货款 5 000 元,因该单位已不存在,长期无法支付。

2. 上列账款经批准作如下处理:

(1) 甲材料盘盈系出库时计量不准造成,作冲减管理费用处理。

(2) 乙材料盘亏数定额内合理损耗,转作管理费用。

(3) 丙材料霉变是因为连续阴雨天气,保管员李力未及时采取措施所致,责令李力赔偿 300 元,赔款尚未收到,其余作企业营业外支出处理。

(4) A 产品盘亏系保管员张兰责任心不强造成丢失,责令张兰赔偿,赔款尚未收到。

(5) B 产品盘盈系发货时少发造成,现将 B 产品 800 元补发给购买方。

(6) 应收职工李某的借款 3 000 元,从职工福利费中报销。

(7) 确实无法支付的应付账款 5 000 元,转入营业外收入。

3. 要求:根据上述资料,编制会计分录。

会计分录习题用纸

序号	日期	摘　要	账户名称	过账	借方金额	贷方金额

（续表）

序号	日期	摘要	账户名称	过账	借方金额	贷方金额

第八章 财务会计报告

复习思路

编制财务报表是会计核算的最后一个环节,也是会计确认与计量结果的最终体现。学习本章,首先要了解财务报告的概念、财务报告的作用、财务报告的构成内容,初步掌握财务报表的种类和编制要求;在此基础上,重点掌握资产负债表、利润表的结构和编制方法。现金流量表和所有者(股东)权益变动表的编制方法将在"中级财务会计"课程中学习。

基本概念

财务会计报告　财务报表　中期财务报表　年度财务报表　个别会计报表　合并会计报表　静态财务报表　动态财务报表　对外财务报表　对内财务报表　资产负债表　利润表　现金流量表　所有者权益变动表

练 习 题

一、填空题(在每小题中的横线内填入正确答案)

1. 财务会计报告是指企业对外提供的反映企业_____、_____和_____的书面文件。

2. 企业的会计报表主要包括_____、_____、_____和_____等报表。

3.《会计法》规定，_____是单位对外提供的财务会计报告的责任主体，必须保证对外提供的财务会计报告的真实和完整。

4. 利润表应根据_____分析计算填列。

5. 资产负债表是反映企业在某一特定日期的_____的报表，因此，它也被称为_____。

6. 资产负债表的格式通常有两种：_____和_____，我国会计实务中使用_____。

7. 现金流量表是反映企业在一定会计期间有关_____和_____的流入和流出情况的报表。

8. 企业编制和对外提供财务会计报告，应符合_____、_____、_____、_____的基本要求。

9. 资产负债表中的所有者权益项目，应根据其_____的程度，按由_____到_____的顺序排列，包括：_____、_____、_____、_____等项目。

10. 利润分配表是_____的附表，是反映企业一定期间对_____的会计报表，应_____编报一次。

二、单项选择题（在备选答案中选取一个最佳答案）

1. 会计报表按反映的经济内容不同，可以分为(　　)。

   A. 外送报表和内部报表

   B. 资产负债表、利润表、现金流量表和所有者权益变动表

   C. 单位报表、汇总报表和合并报表

   D. 年报、季报和月报

2. 资产负债表中的资产类项目和负债类项目均按流动性分类和排列，主要优点是(　　)。

   A. 便于对项目的分类和排列

   B. 便于项目的填制

   C. 便于对报表所列示资料的分析和应用

   D. 便于项目的计算和汇总

3. 现金流量表中,现金的正确分类方法是(　　)。
   A. 经营活动、投资活动和筹资活动
   B. 现金流入、现金流出和非现金活动
   C. 直接现金流量和间接现金流量
   D. 营业活动现金流量和非营业活动现金流量

4. 下列项目中,不包括在利润表中的是(　　)。
   A. 销售费用　　　　　　B. 管理费用
   C. 制造费用　　　　　　D. 财务费用

5. 资产负债表主要是根据(　　)编制。
   A. 各资产、负债及所有者权益账户的本期发生额
   B. 各损益类账户的本期发生额
   C. 各损益类账户的期末余额
   D. 各资产、负债及所有者权益账户的期末余额

6. 下列各项中,不在利润表"营业税金及附加"项目中反映的是(　　)。
   A. 营业税　　　　　　B. 消费税
   C. 增值税　　　　　　D. 城市维护建设税

7. "应收账款"账户所属明细账户如有贷方余额,应在资产负债表(　　)项目中反映。
   A. 预付账款　　　　　B. 预收账款
   C. 应收账款　　　　　D. 应付账款

8. 某企业5月底"长期借款"账户余额为50万元,其中,一年内将到期的借款为10万元,企业在填列资产负债表的"长期借款"项目时,应填列(　　)万元。
   A. 50　　　　　　　　B. 10
   C. 40　　　　　　　　D. 60

9. 某企业期末"原材料"账户的余额为80万元,"生产成本"账户的余额为56万元,"材料成本差异"账户有贷方余额4万元,

"库存商品"账户的期末余额为120万元,"工程物资"账户的期末余额为160万元,则该企业的资产负债表中"存货"项目应填列的金额为(　　)万元。

  A. 252　　　　　　　　B. 412

  C. 260　　　　　　　　D. 420

 10. 不能通过资产负债表了解的会计信息是(　　)。

  A. 企业所有者投资数额

  B. 企业资金的来源渠道和构成

  C. 企业所掌握的经济资源及其分布情况

  D. 企业在一定期间内现金的流入和流出的信息及其增减变动的原因

三、多项选择题(下列各题,有两个或两个以上符合题意的正确答案,请将正确答案填入括号内)

 1. 企业财务会计报告的服务对象包括(　　)。

  A. 企业管理当局　　　　B. 现有的投资者

  C. 潜在的投资者　　　　D. 债权人

  E. 政府管理部门

 2. 资产负债表可以为报表使用者提供的会计信息有(　　)。

  A. 企业特定日期所拥有的经济资源及分布情况

  B. 企业特定日期的负债总额及其结构

  C. 企业特定日期的所有者权益总额及其结构

  D. 企业特定期间的现金流动情况

 3. 报表使用者通过利润表可以了解的信息有(　　)。

  A. 了解企业资产变动情况

  B. 了解企业收入、成本和费用及利润的实现情况

  C. 了解企业的获利能力

  D. 了解投资者投入资本的保值增值情况

 4. 根据明细账户余额计算填列的资产负债表项目有(　　)。

A. "应付账款"　　　　　B. "货币资金"
C. "应收票据"　　　　　D. "应收账款"

5. 下列项目属于资产负债表中"存货"范围的有（　　）。

   A. "工程物资"　　　　　B. "原材料"
   C. "在建工程"　　　　　D. "在途物资"
   E. "库存商品"

6. 利润分配表提供的信息包括（　　）。

   A. 企业可供分配利润的来源
   B. 企业一定时期内的收入总额
   C. 企业提取的盈余公积
   D. 企业分配给投资者的利润
   E. 期末未分配利润的情况

7. 资产负债表中的未分配利润（　　）。

   A. 等于本年利润减本年利润分配
   B. 等于利润总额减所得税
   C. 根据"本年利润"和"利润分配"账户的期末余额计算填列
   D. 年末与利润分配表中的"未分配利润"项目金额相等
   E. 年末等于"利润分配"账户的期末余额

8. 资产负债表中"货币资金"项目应根据（　　）等账户的期末借方余额合计数填列。

   A. "库存现金"　　　　　B. "银行存款"
   C. "交易性金融资产"　　D. "其他货币资金"
   E. "其他应收款"

9. 多步式利润表的好处有（　　）。

   A. 表式简单，易于理解
   B. 能够提供不同层次的利润指标
   C. 有利于同行业企业盈利状况的分析

D. 对收入、费用无需进行不同层次的配比
E. 能直观反映营业利润与非营业利润对企业利润总额的影响

10. 按照《企业会计准则》的规定，企业对外提供的会计报表主要包括（　　）。

A. 资产负债表　　　　　B. 利润表
C. 产品成本表　　　　　D. 现金流量表
E. 所有者权益变动表

四、判断题（在每小题后面的括号内填入判断结果，正确的打"√"，错误的打"×"）

1. 账簿中的序时账簿、分类账簿都是编制会计报表的主要依据。　　　　　　　　　　　　　　　　　　　　（　）

2. 现金流量表所指的现金，就是"库存现金"账户所核算的内容。　　　　　　　　　　　　　　　　　　　　（　）

3. 利润表中的"净利润"项目，应等于利润总额减去应交所得税后的余额。　　　　　　　　　　　　　　　　（　）

4. 资产负债表中的"固定资产"项目应包括融资租入的固定资产。　　　　　　　　　　　　　　　　　　　（　）

5. 企业的利润分配表中，可供分配的利润减去应付利润后等于未分配利润。　　　　　　　　　　　　　　　（　）

6. 企业必须对外提供资产负债表、利润表、现金流量表和所有者权益表，但会计报表附注不属于企业必须对外提供的资料。
　　　　　　　　　　　　　　　　　　　　　　　（　）

7. 资产负债表中的"应收账款"项目应根据"应收账款"和"预收账款"账户所属各明细账户的期末借方余额合计数填列。
　　　　　　　　　　　　　　　　　　　　　　　（　）

8. 企业对外提供的会计报表的具体格式及项目由企业自行规定。　　　　　　　　　　　　　　　　　　　（　）

9. 利润表中"营业成本"项目,反映企业销售产品和提供劳务等经营业务的各项销售费用和实际成本。( )

10. 资产负债表是反映企业某一特定日期全部资产、负债和所有者权益的报表,应按月编报。( )

五、计算分录题(凡需计算的,应列出有关计算过程,小数点后保留两位)

(一) 某企业 2012 年 6 月 30 日部分账户余额如下(单位:元):

账户名称	余额(借方)	账户名称	余额(贷方)
库存现金	246	短期借款	76 000
银行存款	74 052	应付账款	37 350
应收账款	31 900	应交税费	8 620
其他应收款	1 000	应付股利	16 000
原材料	176 570	长期借款	55 000
库存商品	28 770	累计折旧	181 500
固定资产	560 000	实收资本	500 000
利润分配	32 750	盈余公积	25 000
生产成本	30 182	本年利润	36 000
合计	935 470	合计	935 470

其中,"应收账款"明细账户余额:甲厂 41 900 元(借方)、乙厂 10 000 元(贷方)

要求:根据上述账户余额资料,计算资产负债表下列项目的金额:

(1) 货币资金=

(2) 存货=

(3) 应收账款=

(4) 固定资产=

（5）资产总计＝

（6）预收款项＝

（7）负债合计＝

（8）未分配利润＝

（9）所有者权益＝

（二）某工厂 2012 年 10 月份发生有关销售业务如下：

1. 销售甲产品 1 000 件，货款 200 000 元和销项税额 34 000 元，款项均收到存入银行；乙产品 400 件，货款 100 000 元和销项税额 17 000 元，款项尚未收到。

2. 用银行存款支付销售过程中发生的运杂费 1 000 元和广告费 2 500 元。

3. 结转已销产品成本，甲产品销售 1 000 件，乙产品销售 400 件，甲产品单位产品成本 150 元/件，乙产品单位产品成本 200 元/件。

4. 本月销售的产品应负担消费税为 24 000 元。

5. 计提本月发生的短期借款利息 3 000 元。

6. 汇总本月发生的管理费用 10 000 元，其中 500 元已用现金支付，9 500 元尚未支付。

7. 企业本月将未用的成本价为 5 000 元的材料进行销售，价款 8 000 元，增值税额 1 360 元，款项已收到存入银行。

8. 本月取得罚款收入 15 000 元，存入银行；同时发生自然灾害毁损原材料 5 000 元，已处理完毕。

9. 月末结转本期实现的收入、发生的成本、费用到"本年利润"账户。

10. 假定本月投资收益 10 500 元，所得税税率 25%（不编分录）：

(1) 根据上述业务编制会计分录。
(2) 根据上述的有关数据编制利润表。

会计分录习题用纸

序号	日期	摘　　要	账户名称	过账	借方金额	贷方金额

（续表）

序号	日期	摘要	账户名称	对账	借方金额	贷方金额

利 润 表

会企02表

___年___月　　　　　　　　　　　　　　　　单位：元

项　　目	本期金额	上期金额
一、营业收入		
减：营业成本		
营业税金及附加		
销售费用		
管理费用		
财务费用		
资产减值损失		

资 产 负 债 表

会企 01 表

编制单位:发达公司　　20××年6月30日　　单位:元

资　产	期末余额	年初余额	负债和所有者权益(或股东权益)	期末余额	年初余额
流动资产:			流动负债:		
货币资金			短期借款		
交易性金融资产			交易性金融负债		
应收票据			应付票据		
应收账款			应付账款		
预付款项			预收款项		
应收利息			应付职工薪酬		
应收股利			应交税费		
其他应收款			应付利息		
存货			应付股利		
一年内到期的非流动资产			其他应付款		
其他流动资产			一年内到期的非流动负债		
流动资产合计			其他流动负债		
非流动资产:			流动负债合计		
可供出售金融资产			非流动负债:		
持有至到期投资			长期借款		
长期应收款			应付债券		
长期股权投资			长期应付款		

(续表)

资　　产	期末余额	年初余额	负债和所有者权益(或股东权益)	期末余额	年初余额
投资性房地产			专项应付款		
固定资产			预计负债		
在建工程			递延所得税负债		
工程物资			其他非流动负债		
固定资产清理			非流动负债合计		
生产性生物资产			负债合计		
油气资产			所有者权益(或股东权益):		
无形资产			实收资本(或股本)		
开发支出			资本公积		
商誉			减:库存股		
长期待摊费用			盈余公积		
递延所得税资产			未分配利润		
其他非流动资产			所有者权益(或股东权益)合计		
非流动资产合计					
资产总计			负债和所有者权益(或股东权益)总计		

（四）飞天公司2012年年初未分配利润80 000元,当年实现净利润220 000元;当年利润分配方案为:分别按税后净利润的10%和5%提取法定盈余公积和任意盈余公积,分配现金股利100 000元。

要求：根据上述资料，编制该公司 2012 年度的利润分配表。

利润分配表

会企 02 表附表 3

编制单位：飞天公司　　　　2012 年　　　　　　　　单位：元

项　目	本年实际	上年实际
一、净利润		（略）
加：年初未分配利润		
二、可供分配的利润		
减：提取法定盈余公积		
提取任意盈余公积		
三、可供投资者分配的利润		
减：应付普通股股利		
四、未分配利润		

第九章 企业会计循环和账务处理程序

复习思路

本章是涉及"基础会计"课程中基本方法汇总的章节,内容比较多,实务性强,老师布置的练习题多且综合性强。本章内容学习掌握得好,就具备了基本会计实务操作的能力。因此,在本章的学习中,不仅需要同学们课堂认真听讲,理解老师讲解的内容,而且需要同学们课后理解,并多做练习以消化课堂的概念、程序及作用等知识。

首先必须了解会计循环、账务处理程序的内容和含义,以理解会计整个循环过程的操作在会计实务中的作用,从而理解会计人员是如何在理论指导下,运用会计方法一步一步地将会计信息加工整理成为管理所需的信息的。

其次必须按照会计账务处理程序的不同类型内容,分别掌握记账凭证账务处理程序、科目汇总表账务处理程序、汇总记账凭证账务处理程序、日记总账账务处理程序的特点、记账顺序、适用的企业等内容,并辅之针对上述方法的练习。

最后必须学习并理解不同会计账务处理程序之间的区别与联系,为未来在企业会计实务中理性地选择会计方法奠定一定的知识基础。

基本概念

会计循环　账务处理程序　记账凭证账务处理程序　科目汇

总表账务处理程序　汇总记账凭证账务处理程序　日记总账账务处理程序　账项调整　应计项目　递延项目

练 习 题

一、填空题(在每小题中的横线内填入正确答案)

1. 在会计实务中,进行会计处理需要有各种具体的程序与方法,它们在不同的会计期间内按一定的步骤依次继起,循环往复,并周而复始,这种会计工作的_____被称为会计循环。

2. 会计循环的第二步骤又简称为_____,实质上是将会计分录的内容记入有关日记账、分类账户,包括总分类账、日记账和明细分类账的借方和贷方。

3. 在_____的假设下,为正确核算本期的经营成果,应使本期的经营收入和本期的成本费用相配比,以正确计算盈亏。

4. 根据权责发生制原则,期末需要进行调整的_____、_____、_____和其他一些尚未确认的内部成本分配等项目,被称为期末调整账项。

5. 所谓的_____是指在结账前,将账簿记录内容与实际情况进行核对,以做到_____、_____及_____。

6. 所谓的_____是指在会计期末为了编制会计报表将账户结算清楚的会计工作。

7. 所谓账务处理程序过去也称为会计核算形式,是指在会计核算中以账簿体系为中心,把_____有机地结合在一起的技术组织方式。

8. 科目汇总表兼有_____和_____两项功能。

9. 汇总记账凭证账务处理程序是以先根据_____编制汇总记账凭证,然后再根据_____登记总分类账为特征的。

10. 汇总转账凭证是按_____开设,按对应_____归类,编制的依据是转账凭证。

二、单项选择题(在备选答案中选取一个最佳答案)

1. (　　)是会计循环中所采用的具体步骤的不同组合。
   A. 会计要素　　　　　B. 账务处理程序
   C. 试算平衡　　　　　D. 会计等式

2. 各不同的账务处理程序的共同点是(　　)。
   A. 均采用复式记账凭证　　B. 都使用会计平衡公式
   C. 记账程序相同　　　　　D. 均是从凭证→账簿→报表

3. 参照西方会计的习惯做法,编制日记分录账或会计分录簿,即按照时间的先后顺序,序时地、全面地反映企业会计期间内所有经济业务所涉及的(　　)。
   A. 会计分录　　　　　B. 记账方向
   C. 会计科目　　　　　D. 会计账簿

4. 所谓的递延收入又称为(　　),是指企业在收入实现之前已收取了对方单位的货款,从而形成企业的预收账款(属企业的负债)。
   A. 已实现收入　　　　B. 未实现收入
   C. 预提费用　　　　　D. 待摊费用

5. 应计费用(属企业的负债)是指尽管企业已使用了某项服务,但至会计期末(　　)的款项,从而已形成一定的偿付责任。
   A. 已经支付　　　　　B. 已经收款
   C. 尚未收款　　　　　D. 尚未支付

6. 在各个会计期间终了,为了检查总账各账户的正确性,需要进行(　　)工作。
   A. 查账　　　　　　　B. 结账
   C. 过账　　　　　　　D. 试算平衡

7. 汇总收款凭证是按(　　)开设,按对应贷方科目归类,其登记的依据是银行存款收款凭证、现金收款凭证。

A. 借方科目 B. 贷方科目
C. 收款凭证 D. 付款凭证

8. 为保留汇总记账凭证能反映账户对应关系这一优势,总分类账应设置( )栏。

A. 借方科目 B. 贷方科目
C. 对应科目 D. 相反科目

9. 日记总账账务处理程序是以设置日记总账,根据记账凭证将所有经济业务( )为特征的。

A. 间接登记 B. 直接登记
C. 调整后登记 D. 汇总后登记

10. 日记总账把序时记录与总分类记录结合在一本账上反映,简化了( )总账的工作。且把全部账户集中在一张账页上,便于记账和查账。

A. 汇总与登记 B. 对账
C. 结账 D. 记账

三、多项选择题(下列各题,有两个或两个以上符合题意的正确答案,请将正确答案填入括号内)

1. 典型的会计循环的第一步包括( )。

A. 归集经济数据 B. 分析经济业务
C. 结清会计数据 D. 核算经济数据
E. 编制记账凭证

2. 发生在会计期间内(非期末发生)的会计循环的主要步骤有( )。

A. 作出结账分录,并过入分类账
B. 编制调整后/结账后试算平衡表
C. 根据总分类账和明细分类账编制会计报表
D. 归集经济数据,分析经济业务,编制记账凭证
E. 把记账凭证上所反映的经济业务过入总分类账和明细

分类账

3. 调整账项一般具有的特点有(　　)。

　　A. 一般在期末进行

　　B. 把资产负债表账户和损益表账户区分开来

　　C. 与其经济影响跨越几个会计期间的业务有关

　　D. 所涉及的账户往往是一个资产负债表账户

　　E. 或其中一个是损益表账户

4. 所谓的结账是指在会计期末为了编制会计报表将账户结算清楚的会计工作,其主要内容包括(　　)。

　　A. 结清收入、费用账户

　　B. 在"本年利润"中体现企业的最终经营成果

　　C. 划红线

　　D. 结清所有资产的发生额合计及余额

　　E. 结清负债和所有者权益账户的发生额合计及余额

5. 下列属于不可以用试算平衡检验出来的错误包括(　　)。

　　A. 漏记某一业务　　　　B. 借贷方向搞错

　　C. 漏记借方金额　　　　D. 漏记贷方金额

　　E. 重复登记某一业务

6. 科目汇总表账务处理程序与记账凭证账务处理程序相比,在凭证、账簿、报表的设置中具有的特点有(　　)。

　　A. 增设科目汇总表

　　B. 增设汇总记账凭证

　　C. 总分类账格式中削减对应科目栏

　　D. 增加结算凭证栏

　　E. 增设借贷方向栏

7. 登记明细分类账的依据有(　　)。

　　A. 科目汇总表　　　　　B. 收款凭证

　　C. 付款凭证　　　　　　D. 转账凭证

E. 记账凭证后所附的原始凭证

8. 下列（　　）均为编制会计报表的依据。
   A. 三栏式现金日记账
   B. 三栏式银行存款日记账
   C. 科目汇总表
   D. 总分类账
   E. 明细分类账

9. 为了便于转账凭证在汇总记账凭证账务处理程序中的汇总,每张转账凭证只能填写（　　）的会计分录,不能填列一借多贷或多借多贷的会计分录。
   A. 一借一贷　　　　B. 一借多贷
   C. 一贷多借　　　　D. 多借多贷
   E. 不借不贷

10. 在日记总账账务处理程序下,总分类账则是把（　　）结合起来的混合型账簿。
    A. 备查账　　　　　B. 科目汇总表
    C. 序时账　　　　　D. 汇总记账凭证
    E. 分类账

四、判断题（在每小题后面的括号内填入判断结果,正确的打"√",错误的打"×"）

1. 调整前试算平衡表与调整后试算平衡表的编制目的相同。
（　　）

2. 记账凭证与日记分录账的作用基本相同。（　　）

3. 在试算平衡表中,如果所有账户的借贷方发生额合计数或借贷方余额均相等,说明记账工作正确。（　　）

4. 日记总账账务处理程序只适用于规模较小,业务简单,涉及科目少的企业。（　　）

5. 汇总付款凭证是按借方科目开设,按对应贷方科目归类。
（　）

6. 在汇总记账凭证账务处理程序下,为了便于汇总记账凭证的编制,不必采用专用式的记账凭证。（　）

7. 科目汇总表账务处理程序中,科目汇总表与总分类账都不能反映账户的对应关系。（　）

8. 各账务处理程序之间的不同主要在于登记总账的方法及依据的不同。（　）

9. 科目汇总表的编制方法之一是先在丁字式简易账户中汇总出各账户的本期借方发生额合计与本期贷方发生额合计,再填制到科目汇总表上,该方法被称为工作底稿法。（　）

10. 记账凭证账务处理程序是最基本的一种账务处理程序,它是以直接根据记账凭证逐笔登记总分类账为特征的。（　）

五、计算分析题(凡需计算的,应列出有关计算过程,小数点后保留两位)

1. 假设北方公司是一家于 2012 年 11 月 30 日成立的家具生产企业,注册资本为 600 万元,其中:股东 A 投入现金 300 万元,当即缴入北方公司银行账户,享有股份 50%;股东 B 投入房屋一幢,其原始价值 700 万元,已提折旧 300 万元,经评估确认的价值为 400 万元,享有余下 50% 的股权。如果 11 月该企业没有发生过其他业务,则 11 月月末各账户的期末余额列表如下:

资　产	期末余额	负债与所有者权益	期末余额
银行存款	3 000 000	实收资本	6 000 000
固定资产	4 000 000	资本公积	1 000 000
合　计	7 000 000	合　计	7 000 000

12 月份发生下列经济业务:

1. 12 月 1 日,购入同类不需安装的机器设备一批,专用发票上列明价值 234 万元。对方代垫运费 1 万元。当即用银行存款支付。

2. 12月1日,向开户银行借入3年期、年利率6％的贷款300万元,每年计息一次,到期还本付息。

3. 12月1日,购入原材料一批,其中:甲材料100吨,单价3 000元(不含税),增值税额51 000元;乙材料100吨,单价4 000元(不含税),增值税额68 000元。材料已发出,正在运输途中,货款当即委托银行支付。

4. 12月2日,用银行存款支付12月1日购入的甲、乙材料的运杂费60 000元。材料已验收入库(材料运费按货物重量分摊)。

5. 12月5日,仓库发出材料投入生产,具体内容汇总如下:

材料种类 领用部门	甲材料(计量单位:吨,单价:3 300元)		乙材料(计量单位:吨,单价:4 300元)	
	数量	金额(元)	数量	金额(元)
生产车间领用				
其中:生产办公家具	50	165 000	50	215 000
生产经典家具	10	33 000	30	129 000
车间一般性耗用	5	16 500	2	8 600
厂部行政管理部门耗用	3	9 900	1	4 300
合　　计	68	224 400	83	356 900

6. 12月15日,分配并结转本月应付职工的工资、福利费。其具体内容归纳如下(金额单位:元):

费用种类 部门	工　资	福利费计提比例(％)	福利费用	合　计
生产车间工人				
其中:生产办公家具工人	500 000	14	70 000	570 000

(续表)

部门＼费用种类	工　资	福利费计提比例（%）	福利费用	合　计
生产经典家具工人	200 000	14	28 000	228 000
车间管理人员	100 000	14	14 000	114 000
厂部行政管理人员	200 000	14	28 000	228 000
合　　计	1 000 000		140 000	1 140 000

7. 12月31日,收到本月水电费清单,其中:自来水费 50 000元,电费 150 000元,当即用银行存款支付(其中:生产车间应承担60%,厂部行政管理部门应承担40%)。

8. 12月31日,计提本月固定资产折旧 39 000元,其中:生产车间 29 000元;厂部行政管理部门 10 000元。

9. 12月31日,预提应由本月承担的银行借款利息 15 000元。

10. 12月31日,按产品的生产工人工资比例分配本月的制造费用。

11. 12月31日,假定投产的办公家具(200套)、经典家具(100套)本月全部完工,并验收入库。

12. 12月31日,出售办公家具 200套,销售单价(不含税) 10 000元,经典家具 100套,销售单价(不含税) 9 000元,货已发出,款项未收。

13. 12月31日,结转已售产品的销售成本。

14. 12月31日,结转本月利润账户。

15. 12月31日,按 25% 的所得税税率计算本月应纳所得税额。

16. 12月31日,将税后利润转入利润分配账户。

17. 12月31日,按本年实现净利润的 10% 提取法定公积金;

按本年实现净利润的5%提取任意公积金;宣布分配投资者利润10 000元。

要求:

(1)根据原始凭证或原始凭证汇总表编制记账凭证。

(2)根据记账凭证(会计分录)登记现金日记账,银行存款日记账。

(3)根据记账凭证(会计分录)登记原材料明细账、生产成本、库存商品明细账。

(4)根据记账凭证(会计分录)编制科目汇总表。

(5)根据科目汇总表登记总分类账。

(6)日记账与总分类账核对,明细账与总分类账核对,以保证账账相符。

(7)根据总账与明细分类账编制会计报表。

会计习题用纸:

1. 记账凭证。

收 款 凭 证

收字第_____号

借方科目:		年 月 日		附件_____张	
对方单位	摘 要	贷 方 科 目		金 额	记账符号
		总账科目	明细科目	十万千百十元角分	
银行结算方式及票号:			合 计		
会计主管		记账	稽核	出纳	制证

收 款 凭 证

收字第_____号

借方科目：　　　　　　年　　月　　日　　　　附件_____张

对方单位	摘要	贷方科目		金额	记账符号
		总账科目	明细科目	十万千百十元角分	
银行结算方式及票号：			合　　计		

会计主管　　　　记账　　　　稽核　　　　出纳　　　　制证

付 款 凭 证

付字第_____号

贷方科目：　　　　　　年　　月　　日　　　　附件_____张

对方单位	摘要	借方科目		金额	记账符号
		总账科目	明细科目	十万千百十元角分	
银行结算方式及票号：			合　　计		

会计主管　　　　记账　　　　稽核　　　　出纳　　　　制证

付 款 凭 证

贷方科目：　　　　　　　　年　　月　　日

付字第＿＿＿＿号
附件＿＿＿＿＿＿张

对方单位	摘　要	借　方　科　目		金　　　额									记账符号
		总账科目	明细科目	十	万	千	百	十	元	角	分	
银行结算方式及票号：			合　　计									

会计主管　　　　记账　　　　稽核　　　　出纳　　　　制证

付 款 凭 证

贷方科目：　　　　　　　　年　　月　　日

付字第＿＿＿＿号
附件＿＿＿＿＿＿张

对方单位	摘　要	借　方　科　目		金　　　额									记账符号
		总账科目	明细科目	十	万	千	百	十	元	角	分	
银行结算方式及票号：			合　　计									

会计主管　　　　记账　　　　稽核　　　　出纳　　　　制证

付 款 凭 证

贷方科目：　　　　　　　　年　　月　　日

付字第＿＿＿＿号
附件＿＿＿＿＿＿张

对方单位	摘　要	借　方　科　目		金　　　额									记账符号
		总账科目	明细科目	十	万	千	百	十	元	角	分	
银行结算方式及票号：			合　　计									

会计主管　　　　记账　　　　稽核　　　　出纳　　　　制证

付 款 凭 证

贷方科目： 　　　　　　　　年　月　日　　　　　　　　付字第_____号
　　　　　　　　　　　　　　　　　　　　　　　　　　附件_____张

对方单位	摘　要	借方科目		金　额								记账符号
		总账科目	明细科目	十	万	千	百	十	元	角	分	
银行结算方式及票号：			合　　计									

会计主管　　　记账　　　稽核　　　出纳　　　制证

转 账 凭 证

　　　　　　　　　　　　　　　　　　　　　　　　　　转字第_____号
　　　　　　　　年　月　日　　　　　　　　　　　　附件_____张

摘　要	总账科目	明细科目	借方金额							记账符号	贷方金额							记账符号
			十	万	千	百	十	元	角分		十	万	千	百	十	元	角分	
合　　计																		

会计主管　　　记账　　　稽核　　　制证

转 账 凭 证

　　　　　　　　　　　　　　　　　　　　　　　　　　转字第_____号
　　　　　　　　年　月　日　　　　　　　　　　　　附件_____张

摘　要	总账科目	明细科目	借方金额							记账符号	贷方金额							记账符号
			十	万	千	百	十	元	角分		十	万	千	百	十	元	角分	
合　　计																		

会计主管　　　记账　　　稽核　　　制证

转 账 凭 证

转字第_____号
附件_____张
年　月　日

摘　要	总账科目	明细科目	借方金额 十万千百十元角分	记账符号	贷方金额 十万千百十元角分	记账符号
合　　计						

会计主管　　　　　记账　　　　　稽核　　　　　制证

转 账 凭 证

转字第_____号
附件_____张
年　月　日

摘　要	总账科目	明细科目	借方金额 十万千百十元角分	记账符号	贷方金额 十万千百十元角分	记账符号
合　　计						

会计主管　　　　　记账　　　　　稽核　　　　　制证

转 账 凭 证

转字第_____号
附件_____张
年　月　日

摘　要	总账科目	明细科目	借方金额 十万千百十元角分	记账符号	贷方金额 十万千百十元角分	记账符号
合　　计						

会计主管　　　　　记账　　　　　稽核　　　　　制证

转 账 凭 证

转字第_____号
年　月　日　　　　　　　　　　　　附件_____张

摘 要	总账科目	明细科目	借方金额 十万千百十元角分	记账符号	贷方金额 十万千百十元角分	记账符号
合　　计						

会计主管　　　　　　记账　　　　　　稽核　　　　　　制证

转 账 凭 证

转字第_____号
年　月　日　　　　　　　　　　　　附件_____张

摘 要	总账科目	明细科目	借方金额 十万千百十元角分	记账符号	贷方金额 十万千百十元角分	记账符号
合　　计						

会计主管　　　　　　记账　　　　　　稽核　　　　　　制证

转 账 凭 证

转字第_____号
年　月　日　　　　　　　　　　　　附件_____张

摘 要	总账科目	明细科目	借方金额 十万千百十元角分	记账符号	贷方金额 十万千百十元角分	记账符号
合　　计						

会计主管　　　　　　记账　　　　　　稽核　　　　　　制证

转 账 凭 证

年　月　日

转字第＿＿＿号
附件＿＿＿＿张

摘　要	总账科目	明细科目	借方金额 十 万 千 百 十 元 角 分	记账符号	贷方金额 十 万 千 百 十 元 角 分	记账符号
合　　计						

会计主管　　　　　记账　　　　　稽核　　　　　制证

转 账 凭 证

年　月　日

转字第＿＿＿号
附件＿＿＿＿张

摘　要	总账科目	明细科目	借方金额 十 万 千 百 十 元 角 分	记账符号	贷方金额 十 万 千 百 十 元 角 分	记账符号
合　　计						

会计主管　　　　　记账　　　　　稽核　　　　　制证

转 账 凭 证

年　月　日

转字第＿＿＿号
附件＿＿＿＿张

摘　要	总账科目	明细科目	借方金额 十 万 千 百 十 元 角 分	记账符号	贷方金额 十 万 千 百 十 元 角 分	记账符号
合　　计						

会计主管　　　　　记账　　　　　稽核　　　　　制证

转 账 凭 证

转字第_____号
年　　月　　日　　　　　　　　　　　　附件_____张

摘　要	总账科目	明细科目	借方金额 十万千百十元角分	记账符号	贷方金额 十万千百十元角分	记账符号
合　　　计						

会计主管　　　　　　记账　　　　　　稽核　　　　　　制证

转 账 凭 证

转字第_____号
年　　月　　日　　　　　　　　　　　　附件_____张

摘　要	总账科目	明细科目	借方金额 十万千百十元角分	记账符号	贷方金额 十万千百十元角分	记账符号
合　　　计						

会计主管　　　　　　记账　　　　　　稽核　　　　　　制证

转 账 凭 证

转字第_____号
年　　月　　日　　　　　　　　　　　　附件_____张

摘　要	总账科目	明细科目	借方金额 十万千百十元角分	记账符号	贷方金额 十万千百十元角分	记账符号
合　　　计						

会计主管　　　　　　记账　　　　　　稽核　　　　　　制证

转 账 凭 证

转字第_____号
年　　月　　日　　　　　　　　　　　附件_____张

摘要	总账科目	明细科目	借方金额 十万千百十元角分	记账符号	贷方金额 十万千百十元角分	记账符号
合　　计						

会计主管　　　　　　记账　　　　　　稽核　　　　　　制证

转 账 凭 证

转字第_____号
年　　月　　日　　　　　　　　　　　附件_____张

摘要	总账科目	明细科目	借方金额 十万千百十元角分	记账符号	贷方金额 十万千百十元角分	记账符号
合　　计						

会计主管　　　　　　记账　　　　　　稽核　　　　　　制证

转 账 凭 证

转字第_____号
年　　月　　日　　　　　　　　　　　附件_____张

摘要	总账科目	明细科目	借方金额 十万千百十元角分	记账符号	贷方金额 十万千百十元角分	记账符号
合　　计						

会计主管　　　　　　记账　　　　　　稽核　　　　　　制证

2. 银行存款日记账(注:本题因未涉及现金项目,故省略现金日记账)。

银行存款日记账

年		记账凭证		摘　要	结算凭证		对方科目	收入	付出	余额
月	日	字	号		类别	号码				
12	1			期初余额						3 000 000

3. 明细分类账。

原材料明细账

存货名称:

年		凭证		摘　要	借方金额			贷方金额			借或贷	余　额		
月	日	字	号		数量	单价	金额	数量	单价	金额		数量	单价	金额
				本期发生额合计及期末余额										

152

库存商品明细账

存货名称：

年		凭证	摘要	借方金额			贷方金额			借或贷	余额		
月	日	字号		数量	单价	金额	数量	单价	金额		数量	单价	金额
			本期发生额合计及期末余额										

存货名称：

年		凭证	摘要	借方金额			贷方金额			借或贷	余额		
月	日	字号		数量	单价	金额	数量	单价	金额		数量	单价	金额
			本期发生额合计及期末余额										

4. 科目汇总表。

科 目 汇 总 表

年 月 日至 日

会 计 科 目	本 期 发 生 额		账 页
	借 方	贷 方	

存货名称：

年		凭证字号	摘要	借方金额			贷方金额			借或贷	余额		
月	日			数量	单价	金额	数量	单价	金额		数量	单价	金额
			本期发生额合计及期末余额										

生产成本明细分类账

产品品种：办公家具

年		凭证字号	摘要	借方(成本项目)				贷方	借或贷	余额
月	日			直接材料	直接人工	制造费用	合计			
			本期发生额合计及期末余额							

产品品种：经典家具

年		凭证字号	摘要	借方(成本项目)				贷方	借或贷	余额
月	日			直接材料	直接人工	制造费用	合计			
			本期发生额合计及期末余额							

(续表)

会 计 科 目	本 期 发 生 额		账 页
	借 方	贷 方	
		(略)	
合 计			

5. 总分类账。

总 分 类 账

会计科目：　　　　　　　　　　　　　　　　　　　第　页

年		凭证		摘 要	借 方	贷 方	借或贷	余 额
月	日	字	号					
				期初余额				

总 分 类 账

会计科目： 第 页

年		凭证	摘　要	借　方	贷　方	借或贷	余　额
月	日	字号					
			期初余额				

总 分 类 账

会计科目： 第 页

年		凭证	摘　要	借　方	贷　方	借或贷	余　额
月	日	字号					
			期初余额				

总 分 类 账

会计科目： 第 页

年		凭证	摘　要	借　方	贷　方	借或贷	余　额
月	日	字号					
			期初余额				

总 分 类 账

会计科目： 第 页

年		凭证	摘　要	借　方	贷　方	借或贷	余　额
月	日	字号					
			期初余额				

总 分 类 账

会计科目：　　　　　　　　　　　　　　　　　　　　　　　　第　页

年		凭证		摘　要	借　方	贷　方	借或贷	余　额
月	日	字	号					
				期初余额				

总 分 类 账

会计科目：　　　　　　　　　　　　　　　　　　　　　　　　第　页

年		凭证		摘　要	借　方	贷　方	借或贷	余　额
月	日	字	号					
				期初余额				

总 分 类 账

会计科目：　　　　　　　　　　　　　　　　　　　　　　　　第　页

年		凭证		摘　要	借　方	贷　方	借或贷	余　额
月	日	字	号					
				期初余额				

总 分 类 账

会计科目：　　　　　　　　　　　　　　　　　　　　　　　　第　页

年		凭证		摘　要	借　方	贷　方	借或贷	余　额
月	日	字	号					
				期初余额				

总 分 类 账

会计科目：　　　　　　　　　　　　　　　　　　　　　　　　第　页

年		凭证		摘　　要	借　方	贷　方	借或贷	余　额
月	日	字	号					
				期初余额				

总 分 类 账

会计科目：　　　　　　　　　　　　　　　　　　　　　　　　第　页

年		凭证		摘　　要	借　方	贷　方	借或贷	余　额
月	日	字	号					
				期初余额				

总 分 类 账

会计科目：　　　　　　　　　　　　　　　　　　　　　　　　第　页

年		凭证		摘　　要	借　方	贷　方	借或贷	余　额
月	日	字	号					
				期初余额				

总 分 类 账

会计科目：　　　　　　　　　　　　　　　　　　　　　　　　第　页

年		凭证		摘　　要	借　方	贷　方	借或贷	余　额
月	日	字	号					
				期初余额				

总 分 类 账

会计科目： 第 页

年		凭证		摘　要	借　方	贷　方	借或贷	余　额
月	日	字	号					
				期初余额				

总 分 类 账

会计科目： 第 页

年		凭证		摘　要	借　方	贷　方	借或贷	余　额
月	日	字	号					
				期初余额				

总 分 类 账

会计科目： 第 页

年		凭证		摘　要	借　方	贷　方	借或贷	余　额
月	日	字	号					
				期初余额				

总 分 类 账

会计科目： 第 页

年		凭证		摘　要	借　方	贷　方	借或贷	余　额
月	日	字	号					
				期初余额				

总 分 类 账

会计科目：　　　　　　　　　　　　　　　　　　　　　第　页

年		凭证	摘　要	借　方	贷　方	借或贷	余　额
月	日	字号					
			期初余额				

总 分 类 账

会计科目：　　　　　　　　　　　　　　　　　　　　　第　页

年		凭证	摘　要	借　方	贷　方	借或贷	余　额
月	日	字号					
			期初余额				

总 分 类 账

会计科目：　　　　　　　　　　　　　　　　　　　　　第　页

年		凭证	摘　要	借　方	贷　方	借或贷	余　额
月	日	字号					
			期初余额				

总 分 类 账

会计科目：　　　　　　　　　　　　　　　　　　　　　第　页

年		凭证	摘　要	借　方	贷　方	借或贷	余　额
月	日	字号					
			期初余额				

总 分 类 账

会计科目： 第 页

年		凭证		摘　要	借　方	贷　方	借或贷	余　额
月	日	字	号					
				期初余额				

总 分 类 账

会计科目： 第 页

年		凭证		摘　要	借　方	贷　方	借或贷	余　额
月	日	字	号					
				期初余额				

总 分 类 账

会计科目： 第 页

年		凭证		摘　要	借　方	贷　方	借或贷	余　额
月	日	字	号					
				期初余额				

总 分 类 账

会计科目： 第 页

年		凭证		摘　要	借　方	贷　方	借或贷	余　额
月	日	字	号					
				期初余额				

6. 主要会计报表。

资 产 负 债 表

会企 01 表

编制单位：　　　　　　　　　年　月　日　　　　　　　　　单位：元

资　　产	期末余额	年初余额	负债和所有者权益（或股东权益）	期末余额	年初余额
流动资产：			流动负债：		
货币资金			短期借款		
交易性金融资产			应付票据		
应收票据			应付账款		
应收账款			预收款项		
预付账款			其他应付款		
应收利息			应付职工薪酬		
应收股利			应交税费		
其他应收款			应付股利		
存货			应付利息		
一年内到期的流动资产			一年内到期的长期负债		
其他流动资产			其他流动负债		
流动资产合计			流动负债合计		
非流动资产：			非流动负债：		
可供出售金融资产			长期借款		
持有至到期投资			应付债券		
长期应收款			长期应付款		
长期股权投资			其他非流动负债		
投资性房地产			负债合计		
固定资产			所有者权益：		
在建工程			实收资本		
待处理固定资产净损失			资本公积		
固定资产合计			盈余公积		
无形资产及其他资产：			未分配利润		
无形资产			所有者权益合计		
长期待摊费用					
无形资产及其他资产合计					
非流动资产合计：					
资产总计			负债和所有者权益（或股东权益）总计		

利 润 表

编制单位：　　　　　　　　　年　月

会企02表
单位：元

项　　目	本期金额	上期金额
一、营业收入		
减：营业成本		
营业税金及附加		
销售费用		
管理费用		
财务费用		
资产减值损失		
加：公允价值变动收益（损失以"－"号填列）		
投资收益（损失以"－"号填列）		
其中：对联营企业和合营企业的投资收益		（略）
二、营业利润（损失以"－"号填列）		
加：营业外收入		
减：营业外支出		
其中：非流动资产处置损失		
三、利润总额（亏损总额以"－"号填列）		
减：所得税费用		
四、净利润（亏损总额以"－"号填列）		
五、每股收益		
（一）基本每股收益		
（二）稀释每股收益		

案 例

一、大容公司20××年1月1日投资创办了星星贸易有限公司,截至1月30日,星星贸易有限公司收到投资者大容公司30万元投资款全部存入银行。同时,企业在创办公司过程中,发生了下列几笔业务:

(1) 1月1日,收到投资者大容公司300 000元的货币投资款,存入银行。

(2) 1月3日,用银行存款支付验资费1 000元。

(3) 1月5日,从银行提取现金3 000元。

(4) 1月5日,用现金支付职工午餐费300元,办公用品费100元,工商注册费800元。

(5) 1月7日,用银行存款购买办公家具10 000元,电脑和打印机分别为4 000元和2 500元。

(6) 企业购进商品30 000元,支付了20 000元,还有10 000元赊欠未付。

要求:将6笔业务以分录形式列示,并编制一张资产负债表准备给当地税务局进行1月份税收零申报。

二、某市乡政府职员李勇,年薪36 000元,去年年底辞去公职开办了一家酒店。该酒店由李勇个人投资1 000 000元创办,主营餐饮、住宿和娱乐等服务。今年1月1日正式开始营业。该酒店一年来的经营情况如下:

(1) 提供餐饮收入450 000元,住宿收入200 000元,娱乐收入150 000元。

（2）各种饮食成本共计400 000元，消耗住宿日用品80 000元。

（3）支付广告费30 000元，房租费100 000元，水电费24 000元，其他杂费5 000元。

（4）支付雇员工资150 000元，李勇个人生活费也从公司支取开销20 000元。

注：根据当地政策该酒店第一年经营实行免税。以后年度不减免。

要求：确定李勇所开的酒店一年来的经营成果，并评述其辞职办酒店和任公务员哪个更有利可图。

三、陈楠、孟东是两名大学生，他们决定利用业余时间勤工俭学丰富自己的阅历，在校园内开办一家贸易公司经营花卉、水果推销等事项。经过多方咨询调查，他们开办的企业可以享受当地政府的免税政策及零注册资本金注册。7月1日，陈楠、孟东成立了艺缘贸易公司。他们用自己的积蓄4 500元租了一个门面（陈楠、孟东各付一半），租赁期3个月。同时，又向各自父母借了5 000元。

该公司7月份发生下列业务：

（1）用自己的积蓄现金支付银行开户费200元。

（2）向各自父母借了5 000元现金，并将其存入银行。

（3）用自己的积蓄现金支付广告费100元，支付了3个月的房租费4 500元。

（4）从朋友处花500元购买了一批花瓶、花架及水果篮等经营器具，用银行存款支付。

（5）与花卉供应商签订协议，第一次进货全额付款，以后每次进货先预付货款的50%，等出售完毕结清货款。用银行存款支付了第一次花卉进货成本2 000元。

（6）从银行提取现金1 000元，向水果供应商购买2 000元水果，先支付1 000元，赊欠1 000元。

（7）销售后获取花卉收入3 500元，水果收入2 500元，现金收入款全部存入银行。

（8）本月以后分次销售花卉收入共计 16 500 元，水果收入共计 20 000 元，只收到货款 30 000 元存入银行，还有余款赊欠未收。

（9）本月以后分次进货的花卉成本共计 10 000 元，水果成本 16 000 元，支付了 12 000 元，其余赊欠未付。

（10）陈楠、孟东他们请了一位帮工，每月工资 800 元，直接从银行账户上打到工资卡里。

（11）用转账支票支付水电费 650 元，包装材料费 1 500 元，各种杂费 200 元。

（12）本月购进的所有花卉、水果 80% 出售完毕。

要求：请你帮艺缘贸易公司计算确定一下 7 月份的经营是否成功，并简要评述艺缘贸易公司资金变动状况及以后的发展思路。

四、宏昌公司存货采用实地盘存制。2012 年 5 月 3 日，一场大火烧毁了该公司的全部存货。为了向保险公司索赔，需估计火灾烧毁存货的损失。

经了解，公司最近一次实地盘点是在 2011 年 12 月 31 日。2011 年度简化的利润表如下：

宏昌公司利润表

2011 年度

主营业务收入		300 000
减：主营业务成本：		
期初存货	100 000	
本期购货	150 000	
本期可供销售的存货成本	250 000	
减：期末存货	50 000	200 000
销货毛利		100 000
减：管理费用		10 000
财务费用		2 000
销售费用		8 000
加：投资收益		
营业利润		80 000
加：营业外收入		70 000
减：营业外支出		60 000
利润总额		90 000

上述主营业务收入中不包括年底已赊销但客户尚未提货的商品一批,该批商品售价 20 000 元,在当年盘点时未列作存货。财务人员准备使用往年的毛利率进行估算火灾造成的损失。通过查询了解到公司在 2012 年 1 月至 5 月 3 日之前的购销记录情况:销售商品的收入 180 000 元,购进商品的成本为 140 000 元。

要求:根据你所了解的结果,试编写一份向保险公司索赔的财务报告书,具体列明索赔的金额和理由。

五、资料:

(一)期初余额

1. 江南铸造厂 20××年 8 月 31 日总分类账户余额如下:

库存现金	2 123.60	短期借款	50 000.00
银行存款	419 055.40	应付账款	120 000.00
应收账款	95 000.00	其他应付款	1 740.00
其他应收款	2 000.00	预付账款	700.00
原材料	217 500.00	长期借款	1 170 000.00
库存商品	743 000.00	实收资本	6 000 000.00
长期待摊费用	2 521.00	资本公积	99 300.00
固定资产	6 637 000.00	本年利润	708 900.00
无形资产	98 100.00	累计折旧	687 200.00
利润分配	621 540.00	合　计	8 837 840.00
合　计	8 837 840.00		

2. 江南铸造厂 20××年 8 月 31 日明细账户余额如下:

(1)在途物资明细账:

原料铁

废　钢

(2)原材料明细账:

种　类	数　量	单价(元)	金额(元)
原料铁	20 吨	4 800	96 000.00
废钢	25 吨	3 500	87 500.00
焦炭	13 吨	2 000	26 000.00
工作服	50 套	160	8 000.00

（3）生产成本明细账：

18.5 KW 电机壳

11 KW 电机壳

（4）库存商品明细账：

种　类	数量(件)	单位成本(元)	金额(元)
18.5 KW 电机壳	730	600	438 000.00
11 KW 电机壳	610	500	305 000.00

（5）应收账款明细账：

　　浙江义乌电机厂　　　　　　　　　82 000.00 元

　　上海电机厂　　　　　　　　　　　13 000.00 元

（6）应付账款明细账：

　　南京炉料供应站　　　　　　　　　35 000.00 元

　　安庆焦化厂　　　　　　　　　　　85 000.00 元

（7）其他应收款明细账：

　　燕志超　　　　　　　　　　　　　 2 000.00 元

（8）其他应付款明细账：

　　上海铸造厂　　　　　　　　　　　 1 600.00 元

　　萧山服务公司　　　　　　　　　　　 140.00 元

（9）销售收入明细账：

18.5 KW 电机壳
11 KW 电机壳
材料销售

（二）江南铸造厂20××年9月份发生的经济业务如下：

1. 9月1日，向本企业开户银行——市工商银行GD分理处申请银行短期借款120 000元，并获准，银行已将贷款金额如数划入本企业户头。

2. 9月1日，从长春二汽购入旧东风牌卡车一辆，协议价格为98 100元，卡车已投入使用，货款已付。

3. 9月1日，收到银行转来的"中国工商银行信汇凭证"收款联，收到浙江义乌电机厂前欠款项82 000元。

4. 9月1日，从湖州钢铁厂购进原料铁30吨，@4 700元；废钢15吨，@3 400元，货款共计192 000元，增值税税率17%，签发转账支票如数承付。

5. 9月1日，签发转账支票给杭州第一运输公司，支付同日购入的材料运杂费共4 500元（注：请按材料重量分配采购费用）。

6. 原料铁和废钢已运到企业，材料已验收入库。

7. 9月2日，签发现金支票，从银行提取现金5 000元，以备零星开支。

8. 9月3日，厂部以现金支付供应科王健预借差旅费2 500元，并填写相应的借款凭证。

9. 9月3日，厂办燕志超报销差旅费1 486元，并交回余款514元。

10. 9月3日，车间为生产18.5 KW电机壳，领用原料铁12吨，@4 800元；废钢10吨，@3 500元；焦炭6吨，@2 000元。

11. 9月3日，填写银行信汇凭证，支付前欠南京炉料供应站货款35 000元。

12. 9月3日，销售给上海电机厂18.5 KW电机壳200件，

@1 600元,货款 320 000 元,增值税税率 17%,商品已交铁路部门承运。款项已收并存入银行。

13. 9月4日,用现金购买办公用品,其中:信纸 10 本,@4元,墨水 5 瓶,@3.4 元,直别针 2 盒,@4.4 元,并已交厂部办公人员使用。

14. 9月4日,开出转账支票支付浙江电视台产品广告费 33 360 元。

15. 9月4日,销售帆布工作服 10 套,价税共计 2 059.2 元,货物已发出,但款未收(注:购货单位为湖州钢铁厂,工作服成本为 1 600 元)。

16. 9月6日,收到9月4日销售帆布工作服货款,共计现金 2 059.2 元。

17. 9月6日,厂部技术科报销购买设计制图工具 1 280 元,并交付使用,财务科以现金支付。

18. 9月6日,厂部采购员张永报销市内交通费 130 元,财务科以现金支付。

19. 9月15日,签发现金支票,从银行提取现金 150 800 元,以备发放工资。

20. 9月15日,以现金发放当月工资 135 000 元。

21. 9月15日,发放退休人员工资 15 800 元。

22. 9月16日,从上海焦化厂购入 8 吨废钢,@3 400 元,增值税税率 17%,对方代垫运费 800 元,材料已验收入库,货税款也如数承付。

23. 9月16日,车间为生产 11 KW 电机壳,领用原料铁 8 吨,@4 800 元,废钢 5 吨,@3 500 元,焦炭 2.4 吨,@2 000 元。车间管理人员领用帆布工作服 2 套,@160 元。

24. 9月16日,通知银行信汇,归还前欠上海铸造厂的劳务费 1 600 元。

25. 9月17日,通知银行电汇,偿付前欠安庆焦化厂货款85 000元。

26. 9月17日,销售给北京电机厂18.5 KW电机壳202件,@1 600元;11 KW电机壳80件,@1 400元。增值税税率17%,商品已交铁路部门承运,货款未收。

27. 9月22日,销售给华南公司18.5 KW电机壳140件,@1 600元;11 KW电机壳400件,@1 400元。增值税税率17%,商品发出,货款已收。

28. 9月25日,经批准,将无法支付的前欠萧山服务公司的劳务费140元进行注销(该公司已倒闭),计入营业外收入。

29. 9月25日,签发转账支票支付铁路部门装卸费1 200元,运输费4 000元(9月17日、9月22日所销售产品的运输费)。

30. 9月26日,在财产清查中,发现生产车间丢失电焊机一台,原价8 000元,已提折旧5 000元;原料铁0.5吨,@4 800元。

31. 9月27日,接受机器设备——车床的捐赠6 760元。

32. 9月28日,签发转账支票支付市电力局本月电费30 400元。其中车间一般用电22 000元,管理部门用电8 400元。

33. 9月28日,签发转账支票支付市自来水公司本月水费8 021元。其中车间用水7 021元,管理部门用水1 000元。

34. 9月30日,盘盈盘亏的财产物资处理如下:丢失的电焊机由保险公司赔偿2 000元,其余计入营业外支出;盘亏的原料铁,是由于责任事故造成,应由保管员赔偿。

35. 9月30日,摊销保险费,其中厂部应负担700元,车间应负担400元。

36. 计提本月应负担的短期借款利息2 100元。

37. 9月30日,签发转账支票,向邮局预付第四季度的报纸杂志费共计2 000元。

38. 9月30日,计算本月工资如下:生产工人工资按生产工时比例分配,18.5 KW 电机壳 14 000 小时,11 KW 电机壳 10 000 小时。

生产工人工资	120 000 元
车间管理人员工资	3 750 元
企业管理人员工资	11 250 元
合　　计	135 000 元

39. 9 月 30 日,按工资总额的 14% 提取职工福利费。

40. 9 月 30 日,按如下所示的折旧率,计提本月固定资产折旧额：

使 用 单 位	固定资产类别	原　　值	月折旧率(%)
车间	房屋	1 787 000	0.2
	机器设备	2 270 000	0.3
	小　计	4 057 000	
企业管理部门	房屋	2 040 000	0.2
	机器设备	540 000	0.3
	小　计	2 580 000	
	合　计	6 637 000	

41. 9 月 30 日,按生产工人工时比例分摊并结转制造费用。

42. 9 月 30 日,当月投入生产的 18.5 KW 电机壳 405 件,11 KW 电机壳 260 件全部完工,并已验收入库,计算完工产品的总成本与单位成本。

43. 9 月 30 日,计算本月应负担的城市维护建设税 1 100 元,教育费附加 400 元。

44. 9 月 30 日,接到银行收款通知,收到上海电机厂前欠货款

13 000元。

45. 9月30日,结转本月各项收入。

46. 9月30日,结转本月各项费用。

47. 9月30日,按25％的税率计算并结转应缴纳的所得税费用。

(三)要求:根据以上业务编制分录。

练习题参考答案

第一章 绪　　论

一、填空题

1. 基本理论　基础知识　基本方法
2. 2 000　"司会"
3. 1494 年　《算术、几何、比及比例概要》
4. 1854　英国爱丁堡会计师公会
5. 财务会计与管理会计
6. 企业的资金及其运动
7. 事物的客观功用　反映与监督
8. 事前　事中　事后
9. 总会计师（或财务总监）
10. 会计制度的设计　确定企业采用的会计政策　进行会计核算　账账核对、账证核对及账实核对　建立内部审计制度
11. 会计准则　会计制度
12. 会计主体　持续经营　会计分期　货币计量
13. 基本会计准则　具体会计准则
14. 依法如实进行会计核算　实行会计监督　拟订本单位会计事务处理的具体办法　参与拟订经济计划和业务计划　编制预算和财务计划并考核　分析其执行计划

15. 权责发生制原则　配比原则　历史成本原则　划分收益性支出和资本性支出

16. 因果配比　时间配比

二、单项选择题

1．B　2．A　3．D　4．B　5．C　6．A　7．A　8．D　9．A　10．A　11．C　12．C　13．A　14．B　15．A　16．D

三、多项选择题

1．ABCD　2．BCDE　3．AB　4．ABCD　5．ABCDE　6．ACD　7．ABCDE　8．CE　9．ABCDE　10．CD　11．ABCD　12．ABC　13．AB　14．ABC　15．ABC　16．AB

四、判断题

1．√　2．×　3．×　4．√　5．×　6．×　7．×　8．√　9．√　10．√　11．√　12．√　13．×　14．×　15．√　16．×

五、计算分析题

1．(1)单式记账、复式记账法。(2)有助于进行企业管理,且可以反映资金的来龙去脉,并进行试算平衡。

2．企业违背了《会计法》中规定的:(1)不得虚列或者隐匿收入,推迟或者提前确认收入的条例;(2)不得虚列、多列、不列或者少列费用、成本。处罚:该企业隐匿收入巨大,造成偷逃税情节严重,触犯法律,应承担刑事责任和民事责任。

3．该厂严重违反会计规范:其一,编造虚假利润的财务报告,并非法以虚假财务报告骗取贷款;其二,编造虚假的会计凭证,挪用公款,违背了资金先审核批准、后使用的内控程序。

4．该公司老板的观点有失片面,因为公司银行账款少了,存在几种可能性:可能厂房、设备等固定资产增加了,可能企业的利润分配给股东了;可能老板个人从企业支取的工资、奖金较大。而这些可能带给企业老板个人的收益是很大的,因此,不能单纯地以银行存款的多少来评价企业的盈亏。

第二章 账户与复式记账

一、填空题

1. 会计要素
2. 资产 负债 所有者权益
3. 资产 负债
4. 两个或两个以上
5. 会计科目
6. 期初余额 本期增加发生额 本期减少发生额 期末余额
7. 会计恒等式
8. 一借一贷 一借多贷 多借一贷 多借多贷
9. 全部账户本期借方发生额合计＝全部账户本期贷方发生额合计
10. 账户名称 记账方向 记录金额

二、单项选择题

1. C 2. B 3. B 4. B 5. D 6. A 7. B 8. D 9. A 10. B

三、多项选择题

1. BD 2. ABDE 3. ABC 4. BD 5. ABDE 6. CDE 7. ABC 8. AC 9. ABE 10. ABCD

四、判断题

1. √ 2. × 3. × 4. √ 5. √ 6. × 7. × 8. × 9. × 10. ×

五、计算分录题

(一)

资产:2,3,5,6,9,10,11,12,13,15,19,20,合计 4 840 000 元;

负债:1,4,8,14,18,合计 1 743 000 元;

所有者权益:7,16,17,合计 3 097 000 元。

(二)

业　务　内　容	收　入	费　用
1. 本月产品销售收入 600 000 元	600 000	
2. 已销产品成本 410 000 元		410 000
3. 代职工垫付房租费 1 600 元		
4. 出售多余材料,取得收入 50 000 元,其成本 36 000 元	50 000	36 000
5. 支付广告费 30 000 元		30 000
6. 支付水电费 5 000 元		5 000
7. 支付本月短期借款利息 1 200 元		1 200
8. 本月主营业务应负担的城市维护建设税、教育费附加 300 元		300
9. 本月管理人员差旅费 2 500 元		2 500
10. 车间职工出差,预借差旅费 2 000 元		
合　　计	650 000	485 000

利润总额 = 650 000 − 485 000 = 165 000(元)

净利润 = 165 000 − 55 000 = 110 000(元)

(三)

项　目	资　产	负　债	所有者权益
期初余额	1 360 000	360 000	1 000 000
业务(1)	−100 000	−100 000	

(续表)

项 目	资 产	负 债	所有者权益
业务(2)	±58 000		
业务(3)	±30 000		
业务(4)	−20 000	−20 000	
业务(5)	+30 000	+30 000	
业务(6)	+100 000	+100 000	
业务(7)	+160 000		+160 000
业务(8)	−10 000	−10 000	
业务(9)	±1 000		
业务(10)	−50 000	−50 000	
期末余额	1 470 000	310 000	1 160 000

(四) 1. 期初所有者权益＝期初资产－期初负债

$$=1\,000\,000-300\,000=700\,000(元)$$

期末所有者权益＝期末资产－期末负债

$$=1\,200\,000-200\,000=1\,000\,000(元)$$

本年度利润＝期末所有者权益－期初所有者权益

$$=1\,000\,000-700\,000=300\,000(元)$$

本年度营业收入＝300 000＋120 000＝420 000(元)

2. 本年度利润＝1 000 000－700 000－100 000＝200 000(元)

3. 本年度利润＝1 000 000－700 000＋50 000＝350 000(元)

4. 本年度利润＝1 000 000－700 000＋50 000－180 000＝170 000(元)

(五)

账户名称	期 初 余 额		本期发生额		期 末 余 额	
	借方	贷方	借方	贷方	借方	贷方
库存现金	1 000		126 000	*125 500*	1 500	
银行存款	520 000		*1 000 000*	770 000	750 000	

(续表)

账户名称	期初余额		本期发生额		期末余额	
	借方	贷方	借方	贷方	借方	贷方
应收账款	*136 500*		86 000	44 000	*178 500*	
原材料	110 000		120 000	*140 000*	90 000	
固定资产	*1 820 000*		100 000	200 000	1 720 000	
短期借款		*200 000*	0	0		200 000
应付账款		387 500	477 500	*130 000*		40 000
实收资本		2 000 000	0	500 000		2 500 000
合　计	*2 587 500*	2 587 500	*1 909 500*	1 909 500	2 740 000	2 740 000

（六）

(1) 借：银行存款　　　500 000	(2) 借：固定资产　　　　35 100
贷：实收资本　　　500 000	贷：银行存款　　　　35 100
(3) 借：库存现金　　　　5 000	(4) 借：管理费用　　　　12 000
贷：银行存款　　　　5 000	贷：银行存款　　　　12 000

（七）

1. 各笔业务的会计分录如下：

(1) 借：固定资产　　　　50 000	(2) 借：银行存款　　　　8 000
贷：银行存款　　　　50 000	贷：应收账款　　　　8 000
(3) 借：库存现金　　　　9 600	(4) 借：应付职工薪酬　　9 600
贷：银行存款　　　　9 600	贷：库存现金　　　　9 600
(5) 借：原材料　　　　　5 000	(6) 借：银行存款　　　　50 000
贷：应付账款　　　　5 000	贷：实收资本　　　　50 000
(7) 借：应付账款　　　10 000	(8) 借：短期借款　　　　15 000
贷：银行存款　　　10 000	贷：银行存款　　　　15 000

2. 各账户的登记过程如下:

借方	库存现金		贷方
期初余额	600		
(3)	9 600	(4)	9 600
本期发生额	9 600	本期发生额	9 600
期末余额	600		

借方	银行存款		贷方
期初余额	150 000	(1)	50 000
(2)	8 000	(3)	9 600
(6)	50 000	(7)	10 000
		(8)	15 000
本期发生额	58 000	本期发生额	84 600
期末余额	123 400		

借方	应收账款		贷方
期初余额	18 000		
		(2)	8 000
本期发生额	0	本期发生额	8 000
期末余额	10 000		

借方	原材料		贷方
期初余额	35 000		
(1)	5 000		
本期发生额	5 000	本期发生额	0
期末余额	40 000		

借方	库存商品		贷方
期初余额	40 000		
本期发生额	0	本期发生额	0
期末余额	40 000		

借方	固定资产		贷方
期初余额	100 000		
(1)	50 000		
本期发生额	50 000	本期发生额	0
期末余额	150 000		

借方	短期借款		贷方
		期初余额	20 000
(8)	15 000		
本期发生额	15 000	本期发生额	0
		期末余额	5 000

借方	应付账款		贷方
		期初余额	19 000
(7)	10 000	(5)	5 000
本期发生额	10 000	本期发生额	5 000
		期末余额	14 000

借方	应付职工薪酬		贷方
		期初余额	9 600
(4)	9 600		
本期发生额	9 600	本期发生额	0
		期末余额	0

借方	实收资本		贷方
		期初余额	200 000
		(6)	50 000
本期发生额	0	本期发生额	50 000
		期末余额	250 000

借方	资本公积	贷方		借方	盈余公积	贷方
	期初余额	50 000			期初余额	45 000
本期发生额 0	本期发生额	0		本期发生额 0	本期发生额	0
	期末余额	50 000			期末余额	45 000

3. 总分类账户的本期发生额及余额试算平衡表如下:

账户名称	期初余额		本期发生额		期末余额	
	借方	贷方	借方	贷方	借方	贷方
库存现金	600		9 600	9 600	600	
银行存款	150 000		58 000	84 600	123 400	
应收账款	18 000		0	8 000	10 000	
原材料	35 000		5 000	0	40 000	
库存商品	40 000		0	0	40 000	
固定资产	100 000		50 000	0	150 000	
短期借款		20 000	15 000	0		5 000
应付账款		19 000	10 000	5 000		14 000
应付职工薪酬		9 600	9 600	0		0
实收资本		200 000	0	50 000		250 000
资本公积		50 000	0	0		50 000
盈余公积		45 000	0	0		45 000
合计	343 600	343 600	157 200	157 200	364 000	364 000

第三章 企业主要业务的会计核算
——以制造业为例

一、填空题

1. 供应过程　生产过程　销售过程
2. 所有者投入　从外部借入
3. 买价　运杂费　挑选整理费　关税
4. 直接费用　间接费用
5. 原材料　人工费　燃料和动力　间接费用
6. 银行手续费　利息支出　利息收入
7. "在建工程"　"固定资产"
8. 价外税　采购成本
9. 实际成本　买价　运杂费　安装费　调试费　关税
10. 营业外收入

二、单项选择题

1. C　2. B　3. A　4. B　5. B　6. D　7. B　8. B　9. C　10. A

三、多项选择题

1. CD　2. CD　3. BC　4. ABC　5. AB　6. ACD　7. ABC　8. ACD　9. ABCD　10. ABCD

四、判断题

1. ×　2. ×　3. ×　4. ×　5. √　6. ×　7. √　8. ×　9. ×　10. ×

五、计算分录题

1.

项 目	权责发生制		收付实现制	
	收 入	费 用	收 入	费 用
（1）	50 000		30 000	
（2）			2 000	
（3）				3 000
（4）			20 000	
（5）		800		
（6）				1 000
（7）				2 400
合计	50 000	800	52 000	6 400

2.

会计分录习题用纸（代记账凭证）

序号	日期	摘 要	账户名称	过账	借方金额	贷方金额
（1）	（略）	收到投资者的资金	固定资产 实收资本		45 000	45 000
（2）		从银行借款	银行存款 长期借款		1 000 000	1 000 000
（3）		收到国家投入资金	银行存款 实收资本		2 000 000	2 000 000
（4）		现购固定资产	固定资产 银行存款		234 000	234 000
（5）		购入需要安装的固定资产，并交付安装	在建工程 银行存款		46 800	46 800

(续表)

序号	日期	摘要	账户名称	过账	借方金额	贷方金额
		安装耗费材料、工资	在建工程 原材料 应付职工薪酬		3 000	2 000 1 000
(6)		安装完毕交付使用	固定资产 在建工程		49 800	49 800
(7)		购买无形资产	无形资产 银行存款		800 000	800 000

3.

(1) **会计分录习题用纸**(代记账凭证)

序号	日期	摘要	账户名称	过账	借方金额	贷方金额
(1)	(略)	购入材料发生买价	在途物资——A材料 ——B材料 银行存款		5 000 20 000	25 000
(2)		发生运费	在途物资——A材料 ——B材料 银行存款		200 400	600
(3)		预付货款	预付账款 银行存款		8 000	8 000
(4)		购买的材料发票已到	在途物资——C材料 预付账款 银行存款		9 400	8 000 1 400
(5)		购买的材料全部验收入库	原材料——A材料 ——B材料 ——C材料 在途物资——A材料 ——B材料 ——C材料		5 200 20 400 9 400	5 200 20 400 9 400

184

(2)

材料采购成本计算单

项 目	A材料(100千克)		B材料(200千克)		C材料(900千克)	
	总成本	单位成本	总成本	单位成本	总成本	单位成本
买 价	5 000	50	20 000	100	9 000	10
运杂费	200	2	400	2	400	0.44
合 计	5 200	52	20 400	102	9 400	10.44

4.（1）

会计分录习题用纸(代记账凭证)

序号	日期	摘 要	账 户 名 称	过账	借方金额	贷方金额
(1)		购买材料发生买价	在途物资——甲材料	√	1 300	
			——乙材料	√	3 600	
			——丙材料	√	1 500	
			应交税费——应交增值税	√	1 088	
			银行存款			7 488
(2)		支付运杂费	在途物资——甲材料	√	20	
			——乙材料	√	120	
			——丙材料	√	200	
			库存现金			340
(3)		购入丙材料的买价和运杂费	在途物资——丙材料	√	700	
			应交税费——应交增值税		102	
			应付账款			702
			银行存款			100
(4)		购买材料发生买价	在途物资——甲材料		1 500	
			——乙材料		1 800	
			应交税费——应交增值税		561	
			应付账款			3 861

(续表)

序号	日期	摘　要	账　户　名　称	过账	借方金额	贷方金额
(5)		支付运杂费	在途物资——甲材料 　　　　　——乙材料 库存现金	√ √	200 400	 600
(6)		购入甲材料的买价和运杂费	在途物资——甲材料 应交税费——应交增值税 银行存款	√	2 600 408	 3 008
(7)		材料验收入库	原材料——甲材料 　　　——乙材料 　　　——丙材料 在途物资——甲材料 　　　　　——乙材料 　　　　　——丙材料	√ √ √	5 620 5 920 2 400	 5 620 5 920 2 400

(2) 总分类账：

借	在　途　物　资		贷
(1)	6 400	(7)	13 940
(2)	340		
(3)	700		
(4)	3 300		
(5)	600		
(6)	2 600		
本期发生额 13 940		本期发生额 13 940	

借	原　材　料		贷
(7)	13 940		
本期发生额 13 940			
期末余额　　13 940			

186

明细分类账：

借	在途物资 ——甲材料	贷	借	在途物资 ——乙材料	贷	借	在途物资 ——丙材料	贷
(1) 1 300	(7) 5 620		(1) 3 600	(7) 5 920		(1) 1 500	(7) 2 400	
(2) 20			(2) 120			(2) 200		
						(3) 700		
(4) 1 500			(4) 1 800					
(5) 200			(5) 400					
(6) 2 600								
本 期 发生额 5 620	本 期 发生额 5 620		本 期 发生额 5 920	本 期 发生额 5 920		本 期 发生额 2 400	本 期 发生额 2 400	

借	原材料 ——甲材料	贷	借	原材料 ——乙材料	贷	借	原材料 ——丙材料	贷
(7) 5 620			(7) 5 920			(7) 2 400		
本 期 发生额 5 620			本 期 发生额 5 920			本 期 发生额 2 400		
期末 余额 5 620			期末 余额 5 920			期末 余额 2 400		

5.

会计分录习题用纸(代记账凭证)

序号	日期	摘　要	账户名称	过账	借方金额	贷方金额
(1)	10.1	开出转账支票购办公用品	管理费用 制造费用 银行存款		1 000 400	 1 400
(2)	10.5	职工王平出差预支库存现金	其他应收款——王平 库存现金		800	 800
(3)	10.8	职工报销市内交通费	管理费用 库存现金		100	 100

(续表)

序号	日期	摘　要	账　户　名　称	过账	借方金额	贷方金额
(4)	10.15	报销王平差旅费	管理费用 　其他应收款——王平 　库存现金		900	800 100
(5)	10.25	计提工资	生产成本——甲产品 　　　　——乙产品 制造费用 管理费用 　应付职工薪酬		14 000 10 000 8 000 8 000	40 000
(6)	10.28	从银行提取库存现金	库存现金 　银行存款		40 000	40 000
(7)	10.28	计提福利费	生产成本——甲产品 　　　　——乙产品 制造费用 管理费用 　应付职工薪酬		1 960 1 400 1 120 1 120	5 600
(8)	10.28	支付退休人员工资	管理费用 　库存现金		800	800
(9)	10.30	支付水电费	管理费用 　库存现金		500	500
(10)	10.30	本月耗用材料	生产成本——甲产品 　　　　——乙产品 管理费用 　原材料		8 000 6 000 500	14 500

6.

制造费用分配表

单位：元

产品名称	分配标准 （生产工资）	制造费用	
		分配率	分配金额
甲产品	20 000	2	40 000
B产品	30 000	2	60 000
合　计	50 000		100 000

会计分录用纸(代记账凭证)

顺序号	日期	摘要	账户名称	过账	借方金额	贷方金额
		结转制造费用	生产成本——甲产品		40 000	
			——乙产品		60 000	
			制造费用			100 000

7.（1）

会计分录习题用纸(代记账凭证)

序号	日期	摘要	账户名称	过账	借方金额	贷方金额
(1)		生产产品领用材料	生产成本——丙产品		6 000	
			——丁产品		4 000	
			制造费用		600	
			管理费用		400	
			原材料			11 000
(2)		生产产品耗费工资	生产成本——丙产品		3 000	
			——丁产品		2 000	
			制造费用		800	
			管理费用		1 000	
			应付职工薪酬			6 800
(3)		计提福利费	生产成本——丙产品		420	
			——丁产品		280	
			制造费用		112	
			管理费用		140	
			应付职工薪酬			952
(4)		计提折旧费	制造费用		1 500	
			管理费用		3 500	
			累计折旧			5 000
(5)		支付修理费	制造费用		500	
			管理费用		700	
			银行存款			1 200

(续表)

序号	日期	摘要	账户名称	过账	借方金额	贷方金额
(6)		支付电费	生产成本——丙产品		1 800	
			——丁产品		1 200	
			制造费用		1 000	
			银行存款			4 000
(7)		支付车间办公用品费	制造费用		300	
			库存现金			300
(8)		结转制造费用	生产成本——丙产品		1 924.8	
			——丁产品		2 887.2	
			制造费用			4 812

(2)

制造费用分配表

产品名称	分配标准（生产工时）	制造费用	
		分配率（元/工时）	分配金额（元）
丙产品	4 000	0.481 2	1 924.8
丁产品	6 000	0.481 2	2 887.2
合计	10 000		4 812

8. (1)

会计分录用纸(代记账凭证)

顺序号	日期	摘要	账户名称	过账	借方金额	贷方金额
(1)		生产产品领用材料	生产成本——甲产品		138 000	
			——乙产品		30 000	
			制造费用		1 000	
			管理费用		1 000	
			原材料			170 000

(续表)

顺序号	日期	摘　要	账　户　名　称	过账	借方金额	贷方金额
(2)		发生工资	生产成本——甲产品		30 000	
			——乙产品		20 000	
			制造费用		2 000	
			管理费用		20 000	
			应付职工薪酬			72 000
(3)		计提福利费	生产成本——甲产品		4 200	
			——乙产品		2 800	
			制造费用		280	
			管理费用		2 800	
			应付职工薪酬			10 080
(4)		从银行提现发放工资	库存现金		72 000	
			银行存款			72 000
			应付职工薪酬		72 000	
			库存现金			72 000
(5)		支付水电费	生产成本——甲产品		2 500	
			——乙产品		1 000	
			管理费用		1 500	
			银行存款			5 000
(6)		车间报销办公费	制造费用		100	
			库存现金			100
(7)		预付书报费	预付账款		480	
			银行存款			480
(8)		计提折旧	制造费用		4 000	
			管理费用		1 000	
			累计折旧			5 000
(9)		支付修理费	制造费用		800	
			银行存款			800

(续表)

顺序号	日期	摘要	账户名称	过账	借方金额	贷方金额
(10)		摊销报刊费	制造费用		300	
			预付账款			300
(11)		计提利息	财务费用		400	
			应付利息			400
(12)		分配制造费用	生产成本——甲产品		5 088	
			——乙产品		3 392	
			制造费用			8 480
(13)		产品完工	库存商品——甲产品		179 788	
			——乙产品		57 192	
			生产成本——甲产品			179 788
			——乙产品			57 192

(2)

生产成本明细账

产品品种——甲产品　　　　　　　　　　　　　　　单位：元

2012年		凭证		摘要	借方					贷方	借或贷	余额
月	日	字	号		直接材料	直接人工	燃料和动力	制造费用	合计			
(略)			(1)	领用材料	138 000				138 000			
			(2)	发生工资		30 000			30 000			
			(3)	发生福利费		4 200			4 200			
			(5)	发生水电费			2 500		2 500			
			(12)	分配制造费用				5 088	5 088			
			(13)	产品完工入库						179 788		
				本期发生额和余额	138 000	34 200	2 500	5 088	179 788	179 788	平	0

产品品种——乙产品

2012年		凭证		摘要	借			方		贷方	借或贷	余额
月	日	字	号		直接材料	直接人工	燃料和动力	制造费用	合计			
(略)			(1)	领用材料	30 000				30 000			
			(2)	发生工资		20 000			20 000			
			(3)	发生福利费		2 800			2 800			
			(5)	发生水电费			1 000		1 000			
			(12)	分配制造费用				3 392	3 392			
			(13)	产品完工入库						57 192		
				本期发生额和余额	30 000	22 800	1 000	3 392	57 192	57 192	平	0

产品成本计算单　　　　　　　　　　　　　　　　　单位:元

成本项目	甲产品(100件)		乙产品(500件)	
	总成本	单位成本	总成本	单位成本
原材料	138 000	1 380	30 000	60
燃料和动力	2 500	25	1 000	2
工资	30 000	300	20 000	40
福利费	4 200	42	2 800	5.6
制造费用	5 088	50.88	3 392	6.784
合计	179 788	1 797.88	57 192	114.384

9.

会计分录习题用纸(代记账凭证)

序号	日期	摘要	账户名称	过账	借方金额	贷方金额
(1)		赊销商品	应收账款——东海公司		11 700	
			主营业务收入			10 000
			应交税费——应交增值税			1 700
(2)		支付销售运费	销售费用		300	
			银行存款			300
(3)		收回欠款	银行存款		30 000	
			应收账款——新创公司			30 000
(4)		赊销商品	应收账款——成捷公司		9 360	
			主营业务收入			8 000
			应交税费——应交增值税			1 360
(5)		随商品销售发出不计价的包装物	销售费用		500	
			包装物			500
(6)		货款收回	银行存款		21 060	
			应收账款——东海公司			11 700
			——成捷公司			9 360
(7)		支付本月广告费	销售费用		1 200	
			银行存款			1 200

10. (1)

会计分录用纸(代记账凭证)

顺序号	日期	摘要	账户名称	过账	借方金额	贷方金额
		结转收入	主营业务收入		300 000	
			其他业务收入		20 000	
			投资收益		6 000	
			营业外收入		7 640	
			本年利润			333 640

(续表)

顺序号	日期	摘要	账户名称	过账	借方金额	贷方金额
		结转成本费用	本年利润		243 860	
			主营业务成本			130 000
			营业税金及附加			15 000
			其他业务成本			18 000
			销售费用			8 000
			管理费用			18 000
			财务费用			5 000
			营业外支出			5 640
			所得税费用			44 220

(2)

营业利润 = (300 000 + 20 000) − (130 000 + 18 000) −

15 000 − 8 000 − 18 000 − 5 000 + 6 000 = 132 000(元)

利润总额 = 132 000 + 7 640 − 5 640 = 134 000(元)

净利润 = 134 000 − 44 220 = 89 780(元)

11.

会计分录用纸(代记账凭证)

顺序号	日期	摘要	账户名称	过账	借方金额	贷方金额
(1)		销售商品	银行存款		120 000	
			主营业务收入			120 000
(2)		结转主营业务成本	主营业务成本		100 000	
			库存商品			100 000
(3)		押金转为收入	其他应付款		2 000	
			其他业务收入			2 000
(4)		支付待业保险费和劳动保险费	管理费用		5 000	
			银行存款			5 000

(续表)

顺序号	日期	摘 要	账 户 名 称	过账	借方金额	贷方金额
(5)		支付借款利息	财务费用		1 500	
			银行存款			1 500
(6)		支付销售运输费	销售费用		500	
			库存现金			500
(7)		支付业务招待费	管理费用		3 000	
			银行存款			3 000
(8)		支付广告费	销售费用		15 000	
			银行存款			15 000
(9)		支付违约罚金	营业外支出		500	
			银行存款			500
(10)		结转收入	主营业务收入		230 000	
			其他业务收入		50 000	
			营业外收入		1 000	
			本年利润			281 000
(11)		结转成本、费用等	本年利润		278 000	
			主营业务成本			200 000
			营业税金及附加			11 500
			其他业务成本			30 000
			财务费用			3 000
			管理费用			15 000
			销售费用			18 000
			营业外支出			500
(12)		计提所得税并将净利润结转	所得税费用		750	
			应交税费			750
			本年利润			2 250
			利润分配			2 250

(续表)

顺序号	日期	摘　　要	账　户　名　称	过账	借方金额	贷方金额
(13)		提取盈余公积金	利润分配		225	
			盈余公积			225
(14)		分配利润	利润分配		1 500	
			应付股利			1 500

营业利润 = (230 000 + 50 000) - (200 000 + 30 000) -
　　　　　11 500 - 3 000 - 15 000 - 18 000 = 2 500(元)
利润总额 = 2 500 + 1 000 - 500 = 3 000(元)
未分配利润 = 3 000 - 750 - 225 - 1 500 = 525(元)

12．(1)

会计分录用纸(代记账凭证)

顺序号	日期	摘　　要	账　户　名　称	过账	借方金额	贷方金额
1		销售商品	银行存款		93 600	
			主营业务收入			80 000
			应交税费——应交增值税			13 600
			(销项税金)			
2		赊销商品	应收账款		105 300	
			主营业务收入			90 000
			应交税费——应交增值税			15 300
			(销项税金)			
3		结转销售成本	主营业务成本		130 000	
			库存商品——A商品			60 000
			——B商品			70 000
4		支付销售费用	销售费用		2 000	
			银行存款			2 000

(续表)

顺序号	日期	摘　　要	账　户　名　称	过账	借方金额	贷方金额
5		计提城市维护建设税	营业税金及附加 　应交税费——城市维护建 　　设税		8 750	8 750
6		采购员报销差旅费	库存现金 管理费用 　其他应收款		50 550	600
7		支付厂部办公费	管理费用 　库存现金		1 000	1 000
8		收回前欠货款	银行存款 　应收账款		105 300	105 300
9		支付财产保险费	管理费用 　银行存款		200	200
10		处理盘盈资产	待处理财产损溢 　营业外收入		3 000	3 000
11		出租包装物的租金收入	银行存款 　其他业务收入		3 020	3 020
12		获取联营收益	应收股利 　投资收益		5 000	5 000
13		结转损益类账户	主营业务收入 其他业务收入 营业外收入 投资收益 　本年利润 本年利润 　主营业务成本 　营业税金及附加 　销售费用 　管理费用		170 000 3 020 3 000 5 000 142 500	 181 020 130 000 8 750 2 000 1 750

(续表)

顺序号	日期	摘要	账户名称	过账	借方金额	贷方金额
14		计提所得税	所得税费用		9 630	
			应交税费——应交所得税			9 630
15		交纳税金	应交税费——应交所得税		9 630	
			——应交城市维护建设税		8 750	
			银行存款			18 380

（2）税后利润 =（181 020 - 142 500）- 9 630 = 28 890(元)

法定盈余公积 = 28 890×10% = 2 889(元)

任意公积金 = 28 890×5% = 1 444.5(元)

未分配利润 =（28 890 - 2 889 - 1 444.5）×50%

= 12 278.25(元)

13.

会计分录用纸(代记账凭证)

顺序号	日期	摘要	账户名称	过账	借方金额	贷方金额
1		收到投资者投入资本金	银行存款		3 000 000	
			实收资本——国家资本			700 000
			——国兴公司			1 300 000
			——程娜			1 000 000
2		收到实物和原材料	原材料		50 000	
			无形资产		80 000	
			实收资本			130 000
3		公司发行股本	银行存款		420 000	
			股本			400 000
			资本公积			20 000
4		向银行借入短期借款	银行存款		800 000	
			短期借款			800 000
5		向银行借入长期借款	银行存款		5 000 000	
			长期借款			5 000 000

(续表)

顺序号	日期	摘要	账户名称	过账	借方金额	贷方金额
6		购买固定资产	固定资产 　银行存款		120 500	120 500
7		购入需要安装的固定资产	在建工程 　银行存款 在建工程 　原材料 　应付职工薪酬 固定资产 　在建工程		119 000 4 000 123 000	 119 000 1 500 2 500 123 000
8		购入材料	在途物资——甲材料 应交税费——应交增值税 　应付账款——大容公司 　　　　　　——宏达公司		90 000 15 300	 35 100 70 200
9		支付采购费用	在途物资——甲材料 　银行存款		900	900
10		库存现金预支差旅费	其他应收款——郑青 　库存现金		800	800
11		预付账款	预付账款 　银行存款		20 000	20 000
12		购买材料冲销预付款	在途物资——乙材料 　　　　　　——丙材料 应交税费——应交增值税 　银行存款 　预付账款		30 000 20 000 8 500	 38 500 20 000
13		发生运杂费	在途物资——乙材料 　　　　　　——丙材料 　库存现金		300 100	 400
14		偿还欠款	应付账款——大容公司 　　　　　　——宏达公司 　银行存款		35 100 70 200	 105 300
15		报销差旅费	管理费用 库存现金 　其他应收款——郑青		640 160	 800

(续表)

顺序号	日期	摘要	账户名称	过账	借方金额	贷方金额
16		材料验收入库	原材料——甲材料 ——乙材料 ——丙材料 在途物资——甲材料 ——乙材料 ——丙材料		90 900 30 300 20 100	90 900 30 300 20 100
17		材料耗费	生产成本——A产品 ——B产品 制造费用 管理费用 原材料		6 600 8 000 2 500 1 500	18 600
18		计提职工工资	生产成本——A产品 ——B产品 制造费用 管理费用 应付职工薪酬		14 000 16 000 4 000 6 000	40 000
19		从银行提取库存现金	库存现金 银行存款		40 000	40 000
20		用库存现金发放工资	应付职工薪酬 库存现金		40 000	40 000
21		计提福利费	生产成本——A产品 ——B产品 制造费用 管理费用 应付职工薪酬		1 960 2 240 560 840	5 600
22		计提折旧	制造费用 管理费用 累计折旧		3 900 7 000	10 900
23		预付下一年度财产保险费	预付账款 银行存款		24 000	24 000
24		支付固定资产保养费	制造费用 管理费用 银行存款		1 000 2 500	3 500

(续表)

顺序号	日期	摘要	账户名称	过账	借方金额	贷方金额
25		耗费办公用品	制造费用 管理费用 　库存现金		540 350	 890
26		借支差旅费	其他应收款——王平 　库存现金		2 000	 2 000
27		报销差旅费	管理费用 库存现金 　其他应收款——王平		1 400 600	 2 000
28		分配制造费用	生产成本——A产品 　　　　——B产品 　制造费用		5 000 7 500	 12 500
29		产品完工入库 A产品成本＝ 27 560/1 000 B产品成本＝ 33 740/500	库存商品——A商品 　　　　——B商品 　生产成本——A商品 　　　　　——B商品		27 560 33 740	 27 560 33 740
30		销售商品	银行存款 应收账款 　主营业务收入 　应交税费——应交增值税		46 800 5 850	 45 000 7 650
31		收到预付定金	银行存款 　预收账款		30 000	 30 000
32		发出商品，冲销预收款	预收账款 银行存款 　主营业务收入 　应交税费——应交增值税		30 000 16 800	 40 000 6 800
33		出售材料 结转已售材料成本	银行存款 　其他业务收入 其他业务成本 　原材料		8 000 6 000	 8 000 6 000
34		支付各种费用	销售费用 财务费用 管理费用 　银行存款 　库存现金		8 000 400 610	 8 400 610

(续表)

顺序号	日期	摘要	账户名称	过账	借方金额	贷方金额
35		结转已售产品成本 A产品成本＝500×27.56 B产品成本＝450×67.48	主营业务成本 　库存商品——A商品 　　　　　——B商品		44 146	13 780 30 366
36		计提各种营业税金	营业税金及附加 　应交税费——应交消费税 　　　　　——应交城建税 　　　　　——应交教育费附加		2 220	2 000 140 80
37		结转收入、成本、费用	主营业务收入 其他业务收入 投资收益 营业外收入 　本年利润 本年利润 　主营业务成本 　其他业务成本 　营业税金及附加 　销售费用 　管理费用 　财务费用 　营业外支出		85 000 8 000 8 116 4 000 84 606	 105 116 44 146 6 000 2 220 8 000 20 840 400 3 000
		本月应交所得税 ＝(105 116－84 606＋90 000) ×0.25－22 500	所得税费用 　应交税费——应交所得税 本年利润 　所得税费用		5 127.5 5 127.5	 5 127.5 5 127.5
38		提取盈余公积金；分配利润给投资者	利润分配 　盈余公积——法定盈余公积金 　　　　　——任意公积金 　应付股利		41 106.26	 7 404.17 3 702.09 30 000

第四章 账户的分类

一、填空题

1. 货币　货币指标
2. 备抵账户　附加账户　备抵附加账户
3. 资产类　负债类　所有者权益类　成本类　损益类
4. 成本类
5. 增减变动
6. 资产类(反映资产减项)
7. 债务的增加和债权的减少
8. 相同
9. 按经济内容　按用途和结构　按提供指标的详细程度　按与会计报表的关系分类
10. "本年利润"账户

二、单项选择题(在备选答案中选取一个最佳答案)

1. D 2. B 3. C 4. B 5. B 6. C 7. A 8. A 9. B 10. B

三、多项选择题(下列各题,有两个或两个以上符合题意的正确答案,请将正确答案填入括号内)

1. ABCD 2. ABCD 3. ABCD 4. AB 5. ACD 6. ACD 7. CD 8. ABC 9. BC 10. AB

四、判断题(在每小题后面的括号内填入判断结果,正确的打"√",错误的打"×")

1. × 2. √ 3. × 4. × 5. √ 6. × 7. ×

8. √ 9. √ 10. ×

五、计算分录题

1.

项目	期初余额	本期借方发生额	本期贷方发生额	期末余额
原材料	4 000	4 000	3 000	5 000
A材料	4 000	1 000	2 000	3 000
B材料	0	3 000	1 000	2 000

2.

会计分录习题用纸(代记账凭证)

序号	日期	摘 要	账 户 名 称	过账	借方金额	贷方金额
1	1.1	收到投资者投入实物和货币资金	固定资产 银行存款 　实收资本——成航公司 　　　　　——宋凯		180 000 20 000	 180 000 20 000
2	1.5	向银行借入短期借款	银行存款 　短期借款		100 000	 100 000
3	1.8	购入材料	在途物资——甲材料 应交税费——应交增值税 　应付账款——A厂		600 500 102 000	 702 500
3	1.8	材料验收入库的	原材料 　在途物资		600 500	 600 500
4	1.10	支付车间设备上半年保养费	预付账款 　银行存款		1 800	 1 800
5	1.12	领用材料	生产成本 制造费用 管理费用 销售费用 　原材料		50 000 8 000 12 000 5 000	 75 000
6	1.20	产品完工	库存商品 　生产成本		182 000	 182 000

(续表)

序号	日期	摘要	账户名称	过账	借方金额	贷方金额
7	1.30	盘盈原材料 盘亏设备	原材料 　待处理财产损溢 待处理财产损溢 累计折旧 　固定资产		500 6 000 14 000	 500 20 000
8	1.31	待处理财产盘盈	待处理财产损溢 　管理费用		500	 500
8	1.31	待处理财产盘亏的处理	其他应收款 　待处理财产损溢		6 000	 6 000
9	1.31	计提折旧	制造费用 管理费用 　累计折旧		5 000 1 000	 6 000

3.

会计分录习题用纸(代记账凭证)

序号	日期	摘要	账户名称	过账	借方金额	贷方金额
1		职工预借差旅费	其他应收款 　库存现金		1 000	 1 000
2		报销差旅费	管理费用 库存现金 　其他应收款		1 200 800	 2 000
3		赊销商品	应收账款——绿源公司 　主营业务收入 　应交税费——应交增值税		11 700	 10 000 1 700
4		购进设备	固定资产 　应付账款——鸿泰公司		500 000	 500 000
5		赊欠水电费	管理费用 　其他应付款		8 000	 8 000

(续表)

序号	日期	摘要	账户名称	过账	借方金额	贷方金额
6		向A公司购货预付定金	预付账款 银行存款		70 000	70 000
7		收到向A公司购货的发票,结清余款	在途物资 应交税费——应交增值税 预付账款 银行存款		100 000 17 000	70 000 47 000

4.

会计分录习题用纸(代记账凭证)

序号	日期	摘要	账户名称	过账	借方金额	贷方金额
1		计提折旧	制造费用 管理费用 累计折旧		50 000 30 000	80 000
2		支付本季度利息	财务费用 应付利息 银行存款		1 500 2 000	3 500
3		本月应摊销广告费	销售费用 预付账款		6 000	6 000
4		计提所得税	所得税费用 应交税费——应交所得税		20 000	20 000
5		净利润结转利润分配	本年利润 利润分配		900 000	900 000
6		提取盈余公积,分配投资者利润	利润分配 盈余公积 应付股利		175 000	135 000 40 000

第五章 会 计 凭 证

一、填空题

1. 经济业务的发生和完成　经济责任　记账依据
2. 作用　原始凭证　记账凭证
3. 应借、应贷的科目　记账方向　记账金额
4. 一般领料单　限额领料单
5. 真实性的审核　合法性的审核　合理性的审核
6. 通用式记账凭证　专用式记账凭证
7. 真实性审核　完整性审核　准确性审核
8. 会计凭证　会计账簿　会计报表
9. 装订　保管
10. 10　15　20

二、单项选择题

1. C　2. B　3. A　4. D　5. C　6. A　7. B　8. D　9. B　10. A

三、多项选择题

1. ABC　2. DE　3. BCE　4. AD　5. CD　6. DE　7. BCD　8. CD　9. AC　10. ACD

四、判断题

1. ×　2. ×　3. √　4. ×　5. √　6. ×　7. √　8. √　9. ×　10. ×

五、计算分析题

收 款 凭 证

收字第 __1__ 号

借方科目：银行存款　　　2012年1月1日　　　附件 __1__ 张

对方单位	摘要	贷方科目		金额	记账符号
		总账科目	明细科目	百十万千百十元角分	
东方机电公司	投资款	实收资本	东方机电公司	1 0 0 0 0 0 0 0	

银行结算方式及票号：电汇#02216053　　合　计　￥1 0 0 0 0 0 0 0

会计主管　　　记账　　　稽核　　　出纳 方华　　　制证 张显

付 款 凭 证

付字第 __1__ 号

贷方科目：银行存款　　　2012年1月2日　　　附件 __2__ 张

对方单位	摘要	借方科目		金额	记账符号
		总账科目	明细科目	十万千百十元角分	
杭州开道公司	购入办公设备	固定资产	佳能复印机	3 5 1 0 0 0 0	

银行结算方式及票号：转支#36825379　　合　计　￥3 5 1 0 0 0 0

会计主管　　　记账　　　稽核　　　出纳 方华　　　制证 张显

交通银行

现金支票存根

$\frac{AB}{01}$ 563445

科目 _____
对方
科目 _____

出票日期 12/01/02
收款人：万泰技术咨询服务公司
金额：5 000.00
用途：

交通银行 现金支票

$\frac{AB}{01}$ 563445

出票日期（大写） 贰零壹拾贰年零壹月零贰日
付款行名称：交行城南支行
收款人：万泰技术咨询服务公司
出票行账号：7100151023376

人民币（大写）伍仟元整	千	百	十万	千	百	十	元	角	分
			¥	5	0	0	0	0	0

用途 备用金　　　　科　目（借）_____
上列款项请从　　　对方科目（贷）_____
我账户内支付　　　转账日期　年　月　日
出票人签章　　　　复核　　　记账
7100151023376：　7100151023376：01

注：在出票人签章处盖上企业财务章及法人私章。

付 款 凭 证

付字第 __2__ 号

贷方科目：银行存款　　2012年1月2日　　附件 __1__ 张

| 对方单位 | 摘　要 | 借 方 科 目 | | 金　　额 | | | | | | | 记账符号 |
		总账科目	明细科目	十	万	千	百	十	元	角	分	
交行	提现	库存现金			5	0	0	0	0	0		
银行结算方式及票号：现支#563445		合　计		¥	5	0	0	0	0	0		

会计主管　　记账　　稽核　　出纳 方华　　制证 张显

1月份工资表

编制日期 2012年1月30日　　　　　　　　　　　表　第1号　总1页

序号	工号及姓名	基本工资	病事假工资 天数	病事假工资 工资	应发工资	代扣款项 养老金	代扣款项 个税	实发金额	领款人签章
1	王宏	3 000			3 000	166	110	2 724	
2	方华	800			800			800	
3	张显	800			800			800	
4	章小钢	2 000			2 000	105	60	1 835	
合计		6 600			6 600	271	170	6 159	

会计主管：　　　　　　　　　制表人：张显

注：为避免复杂的计算，表中个人所得税与养老金数据均属假设数据。

实发工资＝应发工资－代扣款项

其中：王宏1月份的实发工资＝3 000－166－110＝2 724(元)

章小钢1月份的实发工资＝2 000－105－60＝1 835(元)。

转 账 凭 证

2012年1月30日　　　　　　　　　　　转字第 1 号　　附件 1 张

摘　要	总账科目	明细科目	借方金额 十万千百十元角分	记账符号	贷方金额 十万千百十元角分	记账符号
计算1月份工资	管理费用	工资	6 6 0 0 0 0			
	应交税费	应交个人所得税			1 7 0 0 0	
	应付职工薪酬				6 1 5 9 0 0	
	其他应付款	养老金中心			2 7 1 0 0	
合　　计			￥6 6 0 0 0 0		￥6 6 0 0 0 0	

会计主管　　　　记账　　　　稽核　　　　制证 张显

第六章　会计账簿

一、填空题

1. 会计凭证
2. 现金日记账　银行存款日记账
3. 活页式　记账凭证及所附原始凭证
4. 统驭、控制　补充、说明
5. 日记账　分类账
6. 蓝(黑)色墨水或碳素墨水　圆珠笔或铅笔
7. 划线更正法　红字更正法　补充登记法
8. 15　25
9. 划红线　突出显示有关数字
10. 日记账、总分类账和大部分明细账　固定资产明细账(或固定资产卡片)

二、单项选择题

1. C　2. B　3. D　4. A　5. B　6. D　7. A　8. C　9. B　10. D

三、多项选择题

1. ABCE　2. ACD　3. ABE　4. AC　5. ABC　6. ABCD　7. ACD　8. AD　9. ABCD　10. ABD

四、判断题

1. ×　2. √　3. ×　4. ×　5. √　6. ×　7. √　8. ×　9. ×　10. ×

五、计算分录题

(一) 1. 会计分录如下:

(1) 银付1# 借:应交税费　　　　5 000 　贷:银行存款　　　　5 000	(2) 银收1# 借:银行存款　　　　200 000 　贷:实收资本　　　　200 000
(3) 银付2# 借:应付账款　　　　58 500 　贷:银行存款　　　　58 500	(4) 现付1# 借:管理费用　　　　120 　贷:库存现金　　　　120
(5) 银付3# 借:库存现金　　　　95 000 　贷:银行存款　　　　95 000	(6) 现付2# 借:应付职工薪酬　　95 000 　贷:库存现金　　　　95 000
(7) 现付3# 借:其他应收款　　　800 　贷:库存现金　　　　800	(8) 银付4# 借:库存现金　　　　1 000 　贷:银行存款　　　　1 000
(9) 银付5# 借:销售费用　　　　1 200 　贷:银行存款　　　　1 200	(10) 银收2# 借:银行存款　　　　70 200 　贷:应收账款　　　　70 200
(11) 银付6# 借:在途物资　　　　30 000 　　应交税费——应交增值税(进项税额)　5 100 　贷:银行存款　　　　35 100	(12) 银付7# 借:在途物资　　　　600 　贷:银行存款　　　　600
(13) 银收3# 借:银行存款　　　　93 600 　贷:主营业务收入　　80 000 　　　应交税费——应交增值税(销项税额)　13 600	(14) 银付8# 借:管理费用　　　　3 200 　贷:银行存款　　　　3 200

2. 银行存款日记账和现金日记账的登记过程如下:

银行存款日记账

2012年		凭证		摘要	对应科目	收入	付出	余额
月	日	字	号					
8	1			月初余额				380 000
	2	银付	1#	缴纳税金	应交税费		5 000	
	2	银收	1#	收到投资款	实收资本	200 000		575 000
	3	银付	2#	偿还货款	应付账款		58 500	516 500
	5	银付	3#	提现	库存现金		95 000	421 500
	7	银付	4#	提现	库存现金		1 000	420 500
	8	银付	5#	支付销货运费	销售费用		1 200	419 300
	10	银收	2#	收回货款	应收账款	70 200		489 500
	12	银付	6#	购买材料	在途物资		35 100	454 400
	12	银付	7#	支付购料运费	在途物资		600	453 800
	20	银收	3#	销售产品	主营业务收入	93 600		547 400
	24	银付	8#	支付电费	管理费用		3 200	544 200
	31			本月合计		363 800	199 600	544 200

现金日记账

2012年		凭证		摘要	对应科目	收入	付出	余额
月	日	字	号					
8	1			月初余额				1 500
	4	现付	1#	购买办公用品	管理费用		120	1 380
	5	银付	3#	提现	库存现金	95 000		
	5	现付	2#	发放工资	应付职工薪酬		95 000	1 380

(续表)

2012年		凭证		摘　　要	对应科目	收入	付出	余额
月	日	字	号					
8	6	现付	3#	王平预借差旅费	其他应收款		800	580
	7	银付	4#	提现	库存现金	1 000		1 580
	31			本月合计		96 000	95 920	1 580

（二）会计分录：

(1) 借：生产成本　　　　　2 520
　　　贷：原材料——A材料　1 620
　　　　　　　——B材料　　 900

(2) 借：应付账款——新华厂　 420
　　　　　　　——前进厂　1 500
　　　贷：银行存款　　　　　1 920

(3) 借：原材料——A材料　　 540
　　　　　——B材料　　 480
　　　贷：应付账款——新华厂　1 020

(4) 借：应付账款——江南厂　3 000
　　　贷：银行存款　　　　　3 000

(5) 借：生产成本　　　　　3 800
　　　贷：原材料——C材料　2 000
　　　　　　　——D材料　1 800

(6) 借：原材料——C材料　　 750
　　　　　——D材料　　 400
　　　贷：应付账款——前进厂　1 150

(7) 借：应付账款——新华厂　 900
　　　贷：银行存款　　　　　 900

(8) 借：生产成本　　　　　1 920
　　　贷：原材料——A材料　 720
　　　　　　　——C材料　1 200

(9) 借：原材料——C材料　　1 000
　　　贷：银行存款　　　　　1 000

(10) 借：原材料——A材料　　 450
　　　　　——B材料　　 120
　　　贷：应付账款——新华厂　 570

根据上述会计分录进行平行登记如下：

总 分 类 账

会计科目:原材料

2012年		凭证		摘 要	借方	贷方	借或贷	余额
月	日	字	号					
11	1			月初余额			借	9 150
	2			生产产品领用材料		2 520		
	7			向新华厂购买材料	1 020			
	13			生产产品领用材料		3 800		
	15			向前进厂购买材料	1 150			
	21			生产产品领用材料		1 920		
	24			向江南厂购买材料	1 000			
	27			向新华厂购买材料	570			
	30			本期发生额合计及月末余额	3 740	8 240	借	4 650

会计科目:应付账款

2012年		凭证		摘 要	借方	贷方	借或贷	余额
月	日	字	号					
11	1			月初余额			贷	5 820
	4			偿还新华厂、前进厂货款	1 920			
	7			向新华厂购买材料		1 020		

(续表)

2012年		凭证		摘　　要	借方	贷方	借或贷	余额
月	日	字	号					
11	9			偿还江南厂货款	3 000			
	15			向前进厂购买材料		1 150		
	18			偿还新华厂货款	900			
	27			向新华厂购买材料		570		
	30			本期发生额合计及月末余额	5 820	2 740	贷	2 740

原材料明细分类账

材料名称：A材料

2012年		凭证		摘　　要	单价	收入		发出		结存	
月	日	字	号			数量	金额	数量	金额	数量	金额
11	1			月初余额	0.90					2 500	2 250
	2			领用材料	0.90			1 800	1 620		
	7			购买材料	0.90	600	540				
	21			领用材料	0.90			800	720		
	27			购买材料	0.90	500	450				
	30			本月合计	0.90	1 100	990	2 600	2 340	1 000	900

材料名称：B材料

2012年		凭证		摘　　要	单价	收入		发出		结存	
月	日	字	号			数量	金额	数量	金额	数量	金额
11	1			月初余额	0.60					2 000	1 200
	2			领用材料	0.60			1 500	900		

(续表)

2012年		凭证		摘　要	单价	收　入		发　出		结　存	
月	日	字	号			数量	金额	数量	金额	数量	金额
11	7			购买材料	0.60	800	480				
	27			购买材料	0.60	200	120				
	30			本月合计	0.60	1 000	600	1 500	900	1 500	900

材料名称:C材料

2012年		凭证		摘　要	单价	收　入		发　出		结　存	
月	日	字	号			数量	金额	数量	金额	数量	金额
11	1			月初余额	1.00					3 000	3 000
	13			领用材料	1.00			2 000	2 000		
	15			购买材料	1.00	400	400				
	21			领用材料	1.00			1 200	1 200		
	24			购买材料	1.00	1 000	1 000				
	30			本月合计	1.00	1 400	1 400	3 200	3 200	1 200	1 200

材料名称:D材料

2012年		凭证		摘　要	单价	收　入		发　出		结　存	
月	日	字	号			数量	金额	数量	金额	数量	金额
11	1			月初余额	1.50					1 800	2 700
	13			领用材料	1.50			1 200	1 800		
	15			购买材料	1.50	500	750				
	30			本月合计	1.50	500	750	1 200	1 800	1 100	1 650

应付账款明细账

单位名称:新华厂

2012年		凭证		摘　要	借方	贷方	借或贷	余额
月	日	字	号					
11	1			月初余额			贷	1 320

(续表)

2012年		凭证		摘 要	借方	贷方	借或贷	余额
月	日	字	号					
11	4			偿还货款	420			
	7			购买材料		1 020		
	18			偿还货款	900			
	27			购买材料		570		
	30			本月合计	1 320	1 590	贷	1 590

单位名称：江南厂

2012年		凭证		摘 要	借方	贷方	借或贷	余额
月	日	字	号					
11	1			月初余额			贷	3 000
	9			偿还货款	3 000			
	30			本月合计	3 000	0	平	0

单位名称：前进厂

2012年		凭证		摘 要	借方	贷方	借或贷	余额
月	日	字	号					
11	1			月初余额			贷	1 500
	4			偿还货款	1 500			
	15			购买材料		1 150		
	30			本月合计	1 500	1 150	贷	1 150

原材料总分类账户与明细分类账户发生额及余额对照表

账户名称	月 初 余 额		本期发生额		月 末 余 额	
	借方	贷方	借方	贷方	借方	贷方
A材料	2 250		990	2 340	900	
B材料	1 200		600	900	900	

(续表)

账户名称	月初余额		本期发生额		月末余额	
	借方	贷方	借方	贷方	借方	贷方
C材料	3 000		1 400	3 200	1 200	
D材料	2 700		750	1 800	1 650	
原材料总账	9 150		3 740	8 240	4 650	

应付账款总分类账户与明细分类账户发生额及余额对照表

账户名称	月初余额		本期发生额		月末余额	
	借方	贷方	借方	贷方	借方	贷方
新华厂		1 320	1 320	1 590		1 590
江南厂		3 000	3 000	0		0
前进厂		1 500	1 500	1 150		1 150
应付账款总账		5 820	5 820	2 740		2 740

（三）（具体更正过程略）

1. 划线更正法；
2. 红字更正法；
3. 补充登记法；
4. 红字更正法；
5. 红字更正法。

（四）1.（1）补充登记法；

（2）红字更正法；

（3）红字更正法；

（4）划线更正法；

（5）划线更正法；

（6）划线更正法。

2.

××公司试算表

20××年9月30日

账户名称	借方金额	贷方金额
库存现金	2 400	
银行存款	138 900	
应收账款	68 100	
原材料	83 000	
库存商品	104 500	
生产成本	19 000	
固定资产	661 500	
累计折旧		120 000
短期借款		40 000
应付账款		62 200
实收资本		800 000
主营业务收入		147 100
主营业务成本	75 000	
销售费用	6 600	
管理费用	9 800	
财务费用	500	
合计	1 169 300	1 169 300

第七章 财产清查

一、填空题

1. 全面
2. 实地盘点
3. 清查人员　出纳人员
4. 结算凭证在传递过程中的时间
5. 永续盘存制　实地盘存制
6. 函证核对
7. 实存数与账存数相符　实存数大于账存数　实存数小于账存数
8. 期末结账
9. 管理费用
10. 营业外收入

二、单项选择题

1. B　2. D　3. B　4. C　5. A　6. D　7. A　8. C　9. A　10. C

三、多项选择题

1. ABC　2. ABC　3. BC　4. AB　5. BC　6. CD　7. ABCE　8. ABD　9. AC　10. ABE

四、判断题

1. ×　2. √　3. √　4. ×　5. ×　6. ×　7. √　8. ×　9. ×　10. √

五、计算分录题

(一)

银行存款余额调节表

20××年4月30日　　　　　　　　　　　　　　　　　　　单位:元

项　目	金　额	项　目	金　额
企业银行存款日记账余额	326 000	银行对账单余额	385 000
加:银收企未收	120 000	加:企收银未收	70 000
减:银付企未付	6 000	减:企付银未付	15 000
调节后余额	440 000	调节后余额	440 000

编制"银行存款余额调节表"后不需要编制有关会计分录。"银行存款余额调节表"只是银行存款清查的方法,它只起到对账作用,不能作为调节账面余额的原始凭证。等收到有关原始凭证后再登记银行存款日记账,未达账项也就自然消失了。

(二) 1. 会计分录如下:

(1) 银付1#: 　借:应付账款　　100 000 　　贷:银行存款　　100 000	(2) 银收1#: 　借:银行存款　　58 600 　　贷:应收账款　　58 600
(3) 银收2#: 　借:银行存款　　35 100 　　贷:主营业务收入　30 000 　　　应交税费——应交增值税(销项税额)　5 100	(4) 银付2#: 　借:库存现金　　1 000 　　贷:银行存款　　1 000
(5) 银付3#: 　借:制造费用　　500 　　　管理费用　　1 500 　　　销售费用　　3 000 　　贷:银行存款　　5 000	(6) 银付4#: 　借:在途物资——A材料　50 000 　　　应交税费——应交增值税(进项税额)　8 500 　　贷:银行存款　　58 500

223

(续表)

(7) 银付 5#： 借：原材料——A材料　　80 000 　　应交税费——应交增值税（进项税 　　　　　　额）　　13 600 　　贷：银行存款　　93 600	(8) 银付 6#： 借：库存现金　　36 000 　　贷：银行存款　　36 000
(9) 现付 1#： 借：应付职工薪酬　　36 000 　　贷：库存现金　　36 000	(10) 银收 3#： 借：银行存款　　60 000 　　贷：应收账款　　60 000
(11) 银付 7#： 借：管理费用　　15 000 　　贷：银行存款　　15 000	(12) 银收 4#： 借：银行存款　　46 800 　　贷：主营业务收入　　40 000 　　　　应交税费——应交增值税（销项 　　　　　　税额）　6 800
(13) 银付 8#： 借：预付账款　　12 000 　　贷：银行存款　　12 000	(14) 银收 5#： 借：银行存款　　100 000 　　贷：应收票据　　100 000
(15) 应编 2 张记账凭证： ① 转字 1#： 借：应收账款　　117 000 　　贷：主营业务收入　　100 000 　　　　应交税费——应交增值税（销项 　　　　　　税额）　17 000 ② 银付 9#： 借：应收账款　　2 000 　　贷：银行存款　　2000	(16) 银付 10#： 借：固定资产　　220 000 　　贷：银行存款　　220 000

2. 银行存款日记账如下：

银行存款日记账

20××年		凭证字	凭证号	摘要	结算凭证种类	结算凭证号数	对方科目	收入	支出	余额
月	日									
5	1			月初余额						680 000
	2	银付	1#	偿还欠货款	转账支票	648	应付账款		100 000	580 000
	6	银收	1#	收回货款			应收账款	58 600		638 600
	8	银收	2#	销售产品			主营业务收入等	35 100		673 700
	12	银付	2#	提现	现金支票	302	库存现金		1 000	672 700
	18	银付	3#	支付电话费	转账支票	649	管理费用等		5 000	667 700
	20	银付	4#	支付购料款	转账支票	650	在途物资等		58 500	609 200
	22	银付	5#	支付购料款	转账支票	3C3	原材料等		93 600	515 600
	25	银付	6#	提现	现金支票	651	库存现金		36 000	479 600
	27	银收	3#	收回货款			应收账款	60 000		539 600
	28	银付	7#	支付修理费	转账支票	652	制造费用		15 000	524 600
	29	银收	4#	销售产品	转账支票		主营业务收入	46 800		571 400
	30	银付	8#	预付保险费	转账支票	653	预付账款		12 000	559 400
	31	银收	5#	收回票据			应收票据	100 000		659 400
	31	银付	9#	代垫运费	转账支票	654	应收账款		2 000	657 400
	31	银付	10#	购买设备	转账支票		固定资产		220 000	437 400
	31			本月合计				300 500	543 100	437 400

银行存款余额调节表

20××年5月31日　　　　　　　　　　单位:元

项　　目	金　额	项　　目	金　额
企业银行存款日记账余额	437 400	银行对账单余额	732 400
加：银收企未收	65 000	加：企收银未收	0
减：银付企未付	2 000	减：企付银未付	12 000
			220 000
调节后余额	500 400	调节后余额	500 400

（三）

(1) 批准前,借：原材料——甲材料　　　　　690
　　　　　　　贷：待处理财产损溢　　　　　　690

批准后,借：待处理财产损溢　　　　　　　　690
　　　　　贷：管理费用　　　　　　　　　　690

(2) 批准前,借：待处理财产损溢　　　　　1 200
　　　　　　　贷：原材料——乙材料　　　1 200

批准后,借：管理费用　　　　　　　　　　1 200
　　　　　贷：待处理财产损溢　　　　　　1 200

(3) 批准前,借：待处理财产损溢　　　　　2 000
　　　　　　　贷：原材料——丙材料　　　2 000

批准后,借：其他应收款——李力　　　　　　300
　　　　　营业外支出　　　　　　　　　　1 700
　　　　　贷：待处理财产损溢　　　　　　2 000

(4) 批准前,借：待处理财产损溢　　　　　　300
　　　　　　　贷：库存商品——A产品　　　300

批准后,借：其他应收款——张兰　　　　　　300
　　　　　贷：待处理财产损溢　　　　　　　300

(5) 批准前,借：库存商品——B产品　　　　800
　　　　　　　贷：待处理财产损溢　　　　　800

批准后,借:待处理财产损溢　　　　　　　　　　800
　　　　　贷:库存商品　　　　　　　　　　　　　800
(6) 批准前,暂不处理。
批准后,借:应付职工薪酬　　　　　　　　　　3 000
　　　　　贷:其他应收款　　　　　　　　　　　3 000
(7) 批准前,暂不处理。
批准后,借:应付账款　　　　　　　　　　　　5 000
　　　　　贷:营业外收入　　　　　　　　　　　5 000

第八章　财务会计报告

一、填空题

1. 某一特定日期财务状况　某一会计期间经营成果、现金流量等会计信息
2. 资产负债表　利润表　现金流量表　所有者权益变动表
3. 单位负责人
4. 损益类账户的本期发生额
5. 财务状况　财务状况表
6. 账户式　报告式　账户式
7. 现金　现金等价物
8. 内容完整　数字真实　计算准确　编报及时
9. 永久性　大　小　实收资本　资本公积　盈余公积　未分配利润
10. 利润表　实现净利润的分配或亏损弥补　一年

二、单项选择题

1. B　2. C　3. A　4. C　5. D　6. C　7. B　8. C　9. A　10. D

三、多项选择题

1. ABCDE　2. ABC　3. BC　4. AD　5. BDE　6. ACDE　7. CDE　8. ABD　9. BCE　10. ABDE

四、判断题

1. ×　2. ×　3. ×　4. √　5. ×　6. ×　7. √　8. ×　9. ×　10. √

五、计算分录题

(一)

(1) 货币资金＝74 298(元)

(2) 存货＝235 522(元)

(3) 应收账款＝41 900(元)

(4) 固定资产＝378 500(元)

(5) 资产总计＝731 220(元)

(6) 预收款项＝10 000(元)

(7) 负债合计＝202 970(元)

(8) 未分配利润＝3 250(元)

(9) 所有者权益＝528 250(元)

(二) 1. 编制会计分录：

(1) 借：银行存款　　　　　　　　　　　234 000
　　　应收账款　　　　　　　　　　　117 000
　　　　贷：主营业务收入　　　　　　　　　300 000
　　　　　　应交税费——应交增值税(销项税额)　51 000

(2) 借：销售费用　　　　　　　　　　　3 500
　　　　贷：银行存款　　　　　　　　　　　3 500

(3) 借：主营业务成本　　　　　　　　　230 000
　　　　贷：库存商品——甲商品　　　　　　150 000
　　　　　　　　　　——乙商品　　　　　　80 000

(4) 借：营业税金及附加　　　　　　　　24 000
　　　　贷：应交税费——应交消费税　　　　24 000

(5) 借：财务费用　　　　　　　　　　　3 000
　　　　贷：应付利息　　　　　　　　　　　3 000

(6) 借：管理费用　　　　　　　　　　　10 000
　　　　贷：库存现金　　　　　　　　　　　500
　　　　　　应付账款　　　　　　　　　　　9 500

（7）借：银行存款　　　　　　　　　　　　　　　　9 360
　　　　贷：其他业务收入　　　　　　　　　　　　　　8 000
　　　　　　应交税费——应交增值税（销项税额）　　 1 360
　　　借：其他业务成本　　　　　　　　　　　　　　5 000
　　　　贷：原材料　　　　　　　　　　　　　　　　5 000
（8）借：银行存款　　　　　　　　　　　　　　　　15 000
　　　　贷：营业外收入　　　　　　　　　　　　　　15 000
　　　借：待处理财产损溢　　　　　　　　　　　　　5 000
　　　　贷：原材料　　　　　　　　　　　　　　　　5 000
　　　借：营业外支出　　　　　　　　　　　　　　　5 000
　　　　贷：待处理财产损溢　　　　　　　　　　　　5 000
（9）借：主营业务收入　　　　　　　　　　　　　　300 000
　　　　其他业务收入　　　　　　　　　　　　　　　8 000
　　　　营业外收入　　　　　　　　　　　　　　　　15 000
　　　　贷：本年利润　　　　　　　　　　　　　　　323 000
　　　借：本年利润　　　　　　　　　　　　　　　　280 500
　　　　贷：主营业务成本　　　　　　　　　　　　　230 000
　　　　　　营业税金及附加　　　　　　　　　　　　24 000
　　　　　　其他业务成本　　　　　　　　　　　　　5 000
　　　　　　销售费用　　　　　　　　　　　　　　　3 500
　　　　　　管理费用　　　　　　　　　　　　　　　10 000
　　　　　　财务费用　　　　　　　　　　　　　　　3 000
　　　　　　营业外支出　　　　　　　　　　　　　　5 000

2. 编制利润表：

利　润　表　　　　　　　　　　　会企02表

　　　　　　＿＿＿＿＿年＿＿月　　　　　　　　　　单位:元

项　目	本期金额	上期金额
一、营业收入	308 000	
减：营业成本	235 000	
营业税金及附加	24 000	

(续表)

项　目	本期金额	上期金额
销售费用	3 500	
管理费用	10 000	
财务费用	3 000	
资产减值损失		
加：公允价值变动收益（损失以"一"号填列）		
投资收益（损失以"一"号填列）	10 500	
其中：对联营企业和合营企业的投资收益		
二、营业利润（亏损以"一"号填列）	43 000	
加：营业外收入	15 000	
减：营业外支出	5 000	
三、利润总额（亏损以"一"号填列）	53 000	
减：所得税费用	13 250	
四、净利润（净亏损以"一"号填列）	39 750	
五、每股收益		
（一）基本每股收益		
（二）稀释每股收益		
六、其他综合收益		
七、综合收益总额		

（三）　　　　　资产负债表

会企01表

编制单位：发达公司　　20××年6月30日　　　　　　单位：元

资　　产	期末余额	年初余额	负债和所有者权益（或股东权益）	期末余额	年初余额
流动资产：			流动负债：		
货币资金	55 400		短期借款	100 000	
交易性金融资产			交易性金融负债		

(续表)

资　　产	期末余额	年初余额	负债和所有者权益（或股东权益）	期末余额	年初余额
应收票据	6 500		应付票据		
应收账款	46 000		应付账款	87 800	
预付款项	61 000		预收款项	54 000	
应收利息	1 500		应付职工薪酬	26 700	
应收股利			应交税费	16 800	
其他应收款	750		应付利息	1 000	
存货	146 800		应付股利		
一年内到期的非流动资产			其他应付款		
其他流动资产			一年内到期的非流动负债		
流动资产合计	317 950		其他流动负债		
非流动资产：			流动负债合计	286 300	
可供出售金融资产			非流动负债：		
持有至到期投资			长期借款		
长期应收款			应付债券		
长期股权投资			长期应付款		
投资性房地产			专项应付款		
固定资产	380 000		预计负债		
在建工程			递延所得税负债		
工程物资			其他非流动负债		
固定资产清理			非流动负债合计		
生产性生物资产			负债合计	286 300	
油气资产			所有者权益（或股东权益）：		
无形资产			实收资本（或股本）	300 000	

(续表)

资　　产	期末余额	年初余额	负债和所有者权益（或股东权益）	期末余额	年初余额
开发支出			资本公积		
商誉			减：库存股		
长期待摊费用			盈余公积	46 000	
递延所得税资产			未分配利润	65 650	
其他非流动资产			所有者权益（或股东权益）合计	411 650	
非流动资产合计	380 000				
资产总计	697 950		负债和所有者权益（或股东权益）总计	697 950	

（四）　　　　　利　润　分　配　表

会企02表附表3

编制单位：飞天公司　　　　2012年　　　　单位：元

项　　目	本年实际	上年实际
一、净利润	220 000	（略）
加：年初未分配利润	80 000	
二、可供分配的利润	300 000	
减：提取法定盈余公积	22 000	
提取任意盈余公积	11 000	
三、可供投资者分配的利润	267 000	
减：应付普通股股利	100 000	
四、未分配利润	167 000	

第九章 企业会计循环和账务处理程序

一、填空题

1. 程序与步骤
2. 过账或登账
3. 持续经营和会计分期
4. 递延收入 递延费用 应计收入 应计费用
5. 对账 账证相符 账账相符 账实相符
6. 结账
7. 会计凭证、会计账簿及记账顺序
8. 汇总 试算平衡
9. 记账凭证 汇总记账凭证
10. 贷方科目 借方科目

二、单项选择题

1. B 2. D 3. A 4. B 5. D 6. D 7. A 8. C 9. B 10. A

三、多项选择题

1. AB 2. DE 3. ABCDE 4. ABCDE 5. ABE 6. AC 7. BCDE 8. DE 9. AC 10. CE

四、判断题

1. × 2. √ 3. × 4. √ 5. × 6. × 7. √ 8. √ 9. √ 10. √

五、计算分析题(注:为减少篇幅,本题记账凭证的填制、总分类账的登记均用简化格式)

会计分录用纸

序号	日 期	摘 要	账 户 名 称	过账	借方金额	贷方金额
1	12月1日	购入设备	固定资产		2 350 000	
			银行存款			2 350 000
2	12月1日	借款	银行存款		3 000 000	
			长期借款			3 000 000
3	12月1日	购入材料	在途物资——甲材料		300 000	
			——乙材料		400 000	
			应交税费——应交增值税			
			——进项税额		119 000	
			银行存款			819 000
4	12月2日	支付运杂费	在途物资——甲材料		30 000	
			——乙材料		30 000	
			银行存款			60 000
	12月2日	结转材料采购成本	原材料——甲材料		330 000	
			——乙材料		430 000	
			在途物资——甲材料			330 000
			——乙材料			430 000
5	12月5日	领料	生产成本——办公家具		380 000	
			——经典家具		162 000	
			制造费用		25 100	
			管理费用		14 200	
			原材料——甲材料			224 400
			——乙材料			356 900
6	12月15日	计算工资	生产成本——办公家具		500 000	
			——经典家具		200 000	
			制造费用		100 000	
			管理费用		200 000	
			应付职工薪酬			1 000 000

· 235 ·

(续表)

序号	日 期	摘 要	账 户 名 称	过账	借方金额	贷方金额
	12月15日	计算福利费	生产成本——办公家具 　　　　——经典家具 制造费用 管理费用 　应付职工薪酬		70 000 28 000 14 000 28 000	140 000
7	12月31日	支付水电费	制造费用 管理费用 　银行存款		120 000 80 000	200 000
8	12月31日	计提折旧	制造费用 管理费用 　累计折旧		29 000 10 000	39 000
9	12月31日	预提借款利息	财务费用 　应付利息		15 000	15 000
10	12月31日	分配制造费用	生产成本——办公家具 　　　　——经典家具 　制造费用		205 000 83 100	288 100
11	12月31日	结转完工产品成本	库存商品——办公家具 　　　　——经典家具 　生产成本——办公家具 　　　　　——经典家具		1 155 000 473 100	1 155 000 473 100
12	12月31日	出售	应收账款 　主营业务收入 　应交税费——应交增值税 　　　　　——销项税额		3 393 000	2 900 000 493 000

(续表)

序号	日 期	摘 要	账 户 名 称	过账	借方金额	贷方金额
13	12月31日	结转销售成本	主营业务成本 　库存商品——办公家具 　　　　　——经典家具		1 628 100	1 155 000 473 100
14	12月31日	结转本月利润	主营业务收入 　本年利润 本年利润 　管理费用 　财务费用 　主营业务成本		2 900 000 1 975 300	 2 900 000 332 200 15 000 1 628 100
15	12月31日	计算本月所得税	所得税费用 　应交税费——应交所得税 本年利润 　所得税费用		231 175 231 175	 231 175 231 175
16	12月31日	结转本年税后利润	本年利润 　利润分配——未分配利润		693 525	693 525
17	12月31日		利润分配——提取法定盈余公积 　　　　——提取任意盈余公积 　　　　——应付股利 　盈余公积 　应付股利		69 352.50 34 676.25 10 000.00	 104 028.75 10 000.00

注：制造费用的分配率：288 100÷(500 000＋200 000)≈0.41
其中：办公家具应承担：500 000×0.41＝205 000(元)
　　　经典家具应承担：288 100－205 000＝83 100(元)

2. 银行存款日记账

2012年		凭证		摘要	结算凭证		对方科目	收入	付出	余额
月	日	字	号		类别	号码				
12	1			期初余额						3 000 000
	1			购入设备			固定资产		2 350 000	
	1			借款			长期借款	3 000 000		
	1			购料			物资采购		819 000	
	2			支付运杂费			物资采购		60 000	
	31									
	31			支付水电费					200 000	
12	31			本期发生额合计及期末余额				3 000 000	3 429 000	2 571 000

3. 原材料明细账

存货名称：甲材料

2012年		凭证		摘要	借方金额			贷方金额			借或贷	余额		
月	日	字	号		数量	单价	金额	数量	单价	金额		数量	单价	金额
12	25			购料领料	100	3 300	330 000	68	3 300	224 400		32	3 300	105 600
12	31			本期发生额合计及期末余额	100	3 300	330 000	68	3 300	224 400	借	32	3 300	105 600

存货名称：乙材料

2012年		凭证		摘要	借方金额			贷方金额			借或贷	余额		
月	日	字	号		数量	单价	金额	数量	单价	金额		数量	单价	金额
12	25			购料领料	100	4 300	430 000	83	4 300	356 900		17	4 300	73 100
12	31			本期发生额合计及期末余额	100	4 300	430 000	83	4 300	356 900	借	17	4 300	73 100

生产成本明细分类账

产品品种：办公家具

2012年		凭证字号	摘　要	借方（成本项目）				贷　方	借或贷	余额
月	日			直接材料	直接人工	制造费用	合计			
12	5		投料	380 000			380 000			
	15		工资		500 000		500 000			
	15		福利费		70 000		70 000			
	31		制造费用分配			205 000	205 000			
	31		完工转出					1 155 000		
	31		本期发生额合计及余额	380 000	570 000	205 000	1 155 000	1 155 000	平	0

产品品种：经典家具

2012年		凭证字号	摘　要	借方（成本项目）				贷　方	借或贷	余额
月	日			直接材料	直接人工	制造费用	合计			
12	5		投料	162 000			162 000			
	15		工资		200 000		200 000			
	15		福利费		28 000		28 000			
	31		制造费用分配			83 100	83 100			
	31		完工转出					473 100		
	31		本期发生额合计及余额	162 000	228 000	83 100	473 100	473 100	平	0

库存商品明细账

存货名称：办公家具

2012年		凭证字号	摘　要	借方金额			贷方金额			借或贷	余　额		
月	日			数量	单价	金额	数量	单价	金额		数量	单价	金额
12	30		入库	200	5 775	1 155 000							
			出售				200	5 775	1 155 000				0
12	30		本期发生额合计及期末余额	200	5 775	1 155 000	200	5 775	1 155 000	平			0

存货名称：经典家具

2012年		凭证字号	摘要	借方金额			贷方金额			借或贷	余额		
月	日			数量	单价	金额	数量	单价	金额		数量	单价	金额
12	30		入库	100	4 731	473 100							
			出售				100	4 731	473 100				0
12	30		本期发生额合计及期末余额	100	4 731	473 100	100	4 731	473 100	平			0

4. **科目汇总表**

2012年12月1日至31日

会计科目	本期发生额		账页
	借方	贷方	
银行存款	3 000 000	3 429 000	
固定资产	2 350 000		
累计折旧		39 000	
物资采购	760 000	760 000	
原材料	760 000	581 300	
应收账款	3 393 000		
生产成本	1 628 100	1 628 100	（略）
制造费用	288 100	288 100	
管理费用	332 200	332 200	
财务费用	15 000	15 000	
库存商品	1 628 100	1 628 100	
主营业务成本	1 628 100	1 628 100	
长期借款		3 000 000	
实收资本			
资本公积			
应交税费	119 000	724 175	

(续表)

会 计 科 目	本 期 发 生 额 借 方	本 期 发 生 额 贷 方	账 页
应付职工薪酬		1 140 000	
应付利息		15 000	
主营业务收入	2 900 000	2 900 000	
本年利润	2 900 000	2 900 000	
利润分配	114 028.75	693 525	
所得税费用	231 175	231 175	
盈余公积		104 028.75	
应付股利		10 000	
合计	22 046 803.75	221 046 803.75	

5. **总 分 类 账**

借方	银 行 存 款	贷方
期初余额：3 000 000		3 429 000
3 000 000		
期末余额：2 571 000		

借方	固 定 资 产	贷方
期初余额：4 000 000		
2 350 000		
期末余额：6 350 000		

借方	累 计 折 旧	贷方
		39 000
	期末余额：39 000	

借方	实 收 资 本	贷方
		期初余额：6 000 000
		期末余额：6 000 000

借方	资 本 公 积	贷方
		期初余额：1 000 000
		期末余额：1 000 000

借方	长 期 借 款	贷方
		3 000 000
		期末余额：3 000 000

借方	在 途 物 资	贷方		借方	应 交 税 费	贷方
760 000		760 000		119 000		724 175
期末余额: 0					期末余额: 605 175	

借方	原 材 料	贷方		借方	生 产 成 本	贷方
760 000		581 300		1 628 000		1 628 000
期末余额: 178 700				期末余额: 0		

借方	应付职工薪酬	贷方		借方	制 造 费 用	贷方
		1 140 000		288 100		288 100
	期末余额: 1 000 000			期末余额: 0		

借方	管 理 费 用	贷方		借方	财 务 费 用	贷方
332 200		332 200		15 000		15 000
期末余额: 0				期末余额: 0		

借方	应 付 利 息	贷方
		15 000
	期末余额: 15 000	

借方	库 存 商 品	贷方
	1 628 100	1 628 100
期末余额:	0	

借方	所 得 税 费 用	贷方
	231 175	231 175
期末余额:	0	

借方	主营业务成本	贷方
	1 628 100	1 628 100
期末余额:	0	

借方	主营业务收入	贷方
	2 900 000	2 900 000
		期末余额: 0

借方	应 收 账 款	贷方
	3 393 000	
期末余额: 3 393 000		

借方	本 年 利 润	贷方
	2 900 000	2 900 000
		期末余额: 0

借方	利 润 分 配	贷方
	114 028.75	693 525
		期末余额: 578 496.25

借方	盈 余 公 积	贷方
		104 028.75
		期末余额: 104 028.75

借方	应 付 股 利	贷方
		10 000
	期末余额:	10 000

6.

资产负债表

会企01表

编制单位：北方公司　　　　2006年12月31日　　　　单位：元

资产	期末余额	年初余额	负债和所有者权益（或股东权益）	期末余额	年初余额
流动资产：			流动负债：		
货币资金	2 571 000		短期借款		
交易性金融资产			交易性金融负债		
应收票据			应付票据		
应收账款	3 393 000		应付账款		
预付款项			预收款项		
应收利息			应付职工薪酬	1 140 000	
应收股利			应交税费	605 175	
其他应收款			应付利息	15 000	
存货	178 700		应付股利	10 000	
一年内到期的非流动资产			其他应付款		
其他流动资产			一年内到期的非流动负债		
流动资产合计	6 142 700		其他流动负债		
非流动资产：			流动负债合计	1 770 175	
可供出售金融资产			非流动负债：		
持有至到期投资			长期借款	3 000 000	
长期应收款			应付债券		
长期股权投资			长期应付款		
投资性房地产			专项应付款		
固定资产	6 311 000		预计负债		
在建工程			递延所得税负债		
工程物资			其他非流动负债		
固定资产清理			非流动负债合计	3 000 000	
生产性生物资产			负债合计	4 770 175	
油气资产			所有者权益（或股东权益）：		
无形资产			实收资本（或股本）	6 000 000	
开发支出			资本公积	1 000 000	
商誉			减：库存股		
长期待摊费用			盈余公积	104 028.75	
递延所得税资产			未分配利润	579 496.25	
其他非流动资产			所有者权益（或股东权益）合计	7 683 525	
非流动资产合计	6 311 000				
资产总计	12 453 700		负债和所有者权益（或股东权益）总计	12 453 700	

利 润 表

会企02表
编制单位：　　　　　　　　　　年　月　　　　　　　　　　　　单位：元

项　　目	本期余额	上期余额
一、营业收入	2 900 000	
减：营业成本	1 628 100	
营业税金及附加		
销售费用		
管理费用	332 000	
财务费用	15 000	
资产减值损失		（略）
加：公允价值变动收益（损失以"－"号填列）		
投资收益（损失以"－"号填列）		
其中：对联营企业和合营企业的投资收益		
二、营业利润（损失以"－"号填列）	924 700	
加：营业外收入		
减：营业外支出		
其中：非流动资产处置损失		
三、利润总额（亏损总额以"－"号填列）	924 700	
减：所得税费用	231 175	
四、净利润（亏损总额以"－"号填列）	693 525	
五、每股收益		
（一）基本每股收益		
（二）稀释每股收益		

案　例

一、

(1) 借：银行存款	300 000	(2) 借：长期待摊费用	1 000
贷：实收资本	300 000	贷：银行存款	1 000
(3) 借：库存现金	3 000	(4) 借：长期待摊费用	1 200
贷：银行存款	3 000	贷：库存现金	1 200
(5) 借：固定资产	16 500	(6) 借：库存商品	30 000
贷：银行存款	16 500	贷：银行存款	20 000
		应付账款	10 000

星星贸易有限公司
资产负债表
20××年1月31日

资　　　产		负　　　债	
库存现金	1 800	应付账款	10 000
银行存款	259 500		
库存商品	30 000		
固定资产	16 500		
长期待摊费用	2 200	实收资本	300 000
资产总计：	310 000	权益总计：	310 000

二、

利 润 表

收入：	
餐饮收入	450 000
住宿收入	200 000
娱乐收入	150 000
收入小计	800 000
费用：	
商品成本	400 000
物料用品耗费	80 000
广告费	30 000
房租费	100 000
水电费	24 000
工资费	150 000
其他杂费	5 000
费用小计	789 000
利润	1 000

评述：从李勇开办酒店第一年的经营情况来看，其经营成果只实现了 1 000 元，另李勇个人从公司开薪 20 000 元，故对李勇个人来说，第一年从酒店赚了 21 000 元，与当公务员年薪 36 000 元相比较，还是当公务员合算。但从长远来讲，酒店发展得好可能比当公务员合算。

三、

(1) 借：库存现金　　　　200
　　　贷：实收资本——陈楠　100
　　　　　　　　　——孟东　100
　　借：长期待摊费用　　200
　　　贷：库存现金　　　　200

(2) 借：银行存款　　　　10 000
　　　贷：其他应付款——陈楠父母
　　　　　　　　　　　　5 000
　　　　　　　　　——孟东父母
　　　　　　　　　　　　5 000

(续表)

(3) 借：库存现金　　　　　4 600 　　　贷：实收资本——陈楠　2 300 　　　　　　　　　——孟东　2 300 　　借：销售费用　　　　　　100 　　　　管理费用　　　　　1 500 　　　　长期待摊费用　　　3 000 　　　贷：库存现金　　　　4 600	(4) 借：管理费用　　　　　　500 　　　贷：银行存款　　　　　500
(5) 借：库存商品　　　　　2 000 　　　贷：银行存款　　　　2 000	(6) 借：库存现金　　　　　1 000 　　　贷：银行存款　　　　1 000 　　借：库存商品　　　　　2 000 　　　贷：库存现金　　　　1 000 　　　　　应付账款　　　　1 000
(7) 借：银行存款　　　　　6 000 　　　贷：主营业务收入　　6 000	(8) 借：银行存款　　　　　30 000 　　　　应收账款　　　　　6 500 　　　贷：主营业务收入　　36 500
(9) 借：库存商品　　　　　26 000 　　　贷：银行存款　　　　12 000 　　　　　应付账款　　　　14 000	(10) 借：管理费用　　　　　　800 　　　贷：银行存款　　　　　800
(11) 借：管理费用　　　　　　850 　　　　销售费用　　　　　1 500 　　　贷：银行存款　　　　2 350	(12) 借：主营业务成本　　　24 000 　　　贷：库存商品　　　　24 000

利　润　表

××××年7月份

一、营业收入	42 500
减：营业成本	24 000
销售费用	1 600
管理费用	3 650

(续表)

财务费用	
加：投资收益	
公允价值变动收益	
减：资产减值损失	────────
二、营业利润	13 250
营业外收入	
减：营业外支出	────────
四、利润总额	13 250
减：所得税费用	────────
五、净利润	13 250

资产负债表

××××年1月31日

资　　产		负　　债	
银行存款	27 350	应付账款	15 000
应收账款	6 500	长期应付款	10 000
库存商品	6 000	负债合计	25 000
长期待摊费用	3 200	所有者权益：	
		实收资本	4 800
		未分配利润	13 250
		所有者权益	18 050
资产合计	43 050	权益合计	43 050

评述：通过核算发现，艺缘贸易有限公司7月份的经营状况良好，毛利率达到了43.52%，利润率达到31.17%。企业目前的财务状况尚好，但负债率偏高。因此，公司应抓住机遇，要求父母的借款延续并适当支付一定的利息或转为投资款比较有利。

四、根据题意企业的利润表改正如下:

利润表

2011 年度

营业收入		320 000
减:营业成本		
期初存货	100 000	
本期购货	150 000	
本期可供销售的存货成本	250 000	
减:期末存货	50 000	200 000
销货毛利		120 000
减:管理费用		10 000
财务费用		2 000
销售费用		8 000
加:投资收益		
营业利润		100 000
营业外收入		70 000
减:营业外支出		60 000
利润总额		110 000

评述:根据 2011 年度的利润表计算出毛利率为:$120\,000 \div 320\,000 \times 100\% = 37.5\%$;根据毛利率估价法,计算 2012 年 5 月 3 日的存货成本如下:

　　　　　　　　　成本

期初存货:50 000+(20 000-20 000×37.5%)(上期未列入的销售收入-上期

　　　　　　　　　　　　未列入的销售收入×毛利率)

加:本期购货	140 000	
可供销售商品成本	202 500	
减:本期销售成本	112 500	(本期销售收入-本期销售收入×毛利率)
期末存货	90 000	

根据毛利率计算出 2012 年的期末存货成本为 90 000 元,故

要求保险公司应赔偿 90 000 元。

五、

1. 借：银行存款　　　　　　　　　　　　　　120 000
    贷：短期借款　　　　　　　　　　　　　120 000

2. 借：固定资产——东风汽车　　　　　　　　98 100
    贷：银行存款　　　　　　　　　　　　　98 100

3. 借：银行存款　　　　　　　　　　　　　　82 000
    贷：应收账款——浙江义乌电机厂　　　　82 000

4. 借：在途物资——原料铁　　　　　　　　　141 000
    　　　　　　——废钢　　　　　　　　　51 000
    应交税费——应交增值税（进项税额）　　32 640
    贷：银行存款　　　　　　　　　　　　　224 640

5. 借：在途物资——原料铁　　　　　　　　　3 000
    　　　　　　——废钢　　　　　　　　　1 500
    贷：银行存款　　　　　　　　　　　　　4 500
    采购费用分配率 = 4 500 ÷ (30 + 15) = 100(元 / 吨)
    原料铁应承担的采购费用 = 30 × 100 = 3 000(元)
    废钢应承担的采购费用 = 15 × 100 = 1 500(元)

6. 借：原材料——原料铁　　　　　　　　　　144 000
    　　　　——废钢　　　　　　　　　　　52 500
    贷：在途物资——原料铁　　　　　　　　144 000
    　　　　　　——废钢　　　　　　　　　52 500

7. 借：库存现金　　　　　　　　　　　　　　5 000
    贷：银行存款　　　　　　　　　　　　　5 000

8. 借：其他应收款——王健　　　　　　　　　2 500
    贷：库存现金　　　　　　　　　　　　　2 500

9. 借：管理费用　　　　　　　　　　　　　　1 486
    库存现金　　　　　　　　　　　　　　　514
    贷：其他应收款——燕志超　　　　　　　2 000

10. 借：生产成本——18.5KW电机壳		104 600
贷：原材料——原料铁		57 600
——废钢		35 000
——焦炭		12 000
11. 借：应付账款——南京炉料供应站		35 000
贷：银行存款		35 000
12. 借：银行存款		374 400
贷：主营业务收入——18.5KW电机壳		320 000
应交税费——应交增值税(销项税额)		54 400
13. 借：管理费用		65.8
贷：库存现金		65.8
14. 借：销售费用		33 360
贷：银行存款		33 360
15. 借：应收账款——湖州钢铁厂		2 059.2
贷：其他业务收入		1 760
应交税费——应交增值税(销项税额)		299.2
借：其他业务成本		1 600
贷：原材料——工作服		1 600
16. 借：库存现金		2 059.2
贷：应收账款——湖州钢铁厂		2 059.2
17. 借：管理费用		1 280
贷：库存现金		1 280
18. 借：管理费用		130
贷：库存现金		130
19. 借：库存现金		150 800
贷：银行存款		150 800
20. 借：应付职工薪酬		135 000
贷：库存现金		135 000

21. 借：管理费用　　　　　　　　　　　　　　　　15 800
　　　贷：库存现金　　　　　　　　　　　　　　　　15 800

22. 借：在途物资——废钢　　　　　　　　　　　　28 000
　　　应交税费——应交增值税（进项税额）　　　　 4 624
　　　贷：银行存款　　　　　　　　　　　　　　　　32 624
　　借：原材料——废钢　　　　　　　　　　　　　　28 000
　　　贷：在途物资——废钢　　　　　　　　　　　　28 000

23. 借：生产成本——11 KW 电机壳　　　　　　　　60 700
　　　制造费用　　　　　　　　　　　　　　　　　　 320
　　　贷：原材料——原料铁　　　　　　　　　　　　38 400
　　　　　　——废钢　　　　　　　　　　　　　　　17 500
　　　　　　——焦炭　　　　　　　　　　　　　　　 4 800
　　　　　　——帆布工作服　　　　　　　　　　　　 320

24. 借：其他应付款——上海铸造厂　　　　　　　　 1 600
　　　贷：银行存款　　　　　　　　　　　　　　　　 1 600

25. 借：应付账款——安庆焦化厂　　　　　　　　　85 000
　　　贷：银行存款　　　　　　　　　　　　　　　　85 000

26. 借：应收账款——北京电机厂　　　　　　　　 509 184
　　　贷：主营业务收入——18.5 KW 电机壳　　　　323 200
　　　　　　　　　　——11 KW 电机壳　　　　　　112 000
　　　　　应交税费——应交增值税（销项税额）　　 73 984

27. 借：银行存款　　　　　　　　　　　　　　　 917 280
　　　贷：主营业务收入——18.5 KW 电机壳　　　　224 000
　　　　　　　　　　——11 KW 电机壳　　　　　　560 000
　　　　　应交税费——应交增值税（销项税额）　 133 280

28. 借：其他应付款——萧山服务公司　　　　　　　　140
　　　贷：营业外收入　　　　　　　　　　　　　　　　140

29. 借：销售费用　　　　　　　　　　　　　　　　 5 200
　　　贷：银行存款　　　　　　　　　　　　　　　　 5 200

30.	借：待处理财产损溢		3 000
	累计折旧		5 000
	贷：固定资产		8 000
	借：待处理财产损溢		2 400
	贷：原材料——原料铁		2 400
31.	借：固定资产		6 760
	贷：营业外收入		6 760
32.	借：制造费用		22 000
	管理费用		8 400
	贷：银行存款		30 400
33.	借：制造费用		7 021
	管理费用		1 000
	贷：银行存款		8 021
34.	借：其他应收款——保险公司		2 000
	营业外支出		1 000
	贷：待处理财产损溢		3 000
	借：其他应收款——保管员		2 400
	贷：待处理财产损溢		2 400
35.	借：制造费用		400
	管理费用		700
	贷：预付账款		1 100
36.	借：财务费用		2 100
	贷：应付利息		2 100
37.	借：预付账款		2 000
	贷：银行存款		2 000
38.	借：生产成本——18.5 KW 电机壳		70 000
	——11 KW 电机壳		50 000
	制造费用		3 750
	管理费用		11 250
	贷：应付职工薪酬		135 000

39. 借：生产成本——18.5 KW 电机壳　　　　　　9 800
　　　　　　——11 KW 电机壳　　　　　　　7 000
　　　　制造费用　　　　　　　　　　　　　　　525
　　　　管理费用　　　　　　　　　　　　　　 1 575
　　　　贷：应付职工薪酬　　　　　　　　　　　　　　18 900

40. 借：制造费用　　　　　　　　　　　　　　 10 384
　　　　管理费用　　　　　　　　　　　　　　　5 700
　　　　贷：累计折旧　　　　　　　　　　　　　　　　16 084

41. 制造费用＝320＋22 000＋7 021＋400＋3 750＋525＋10 384
　　　　　＝44 400(元)
　　分配率＝44 400÷(14 000＋10 000)＝1.85(元/小时)
　　18.5 KW 电机壳应负担费用＝14 000×1.85＝25 900(元)
　　11 KW 电机壳应负担费用＝44 400－25 900＝18 500(元)
　　借：生产成本——18.5 KW 电机壳　　　　　 25 900
　　　　　　——11 KW 电机壳　　　　　　　18 500
　　　　贷：制造费用　　　　　　　　　　　　　　　　44 400

42. 完工入库 18.5 KW 电机壳的成本＝104 600＋70 000＋9 800＋
　　　　　　　　25 900＝210 300(元)
　　完工入库 11 KW 电机壳的成本＝60 700＋50 000＋7 000＋
　　　　　　　　18 500＝136 200(元)
　　借：库存商品——18.5 KW 电机壳　　　　　210 300
　　　　　　——11 KW 电机壳　　　　　　 136 200
　　　　贷：生产成本——18.5 KW 电机壳　　　　　　210 300
　　　　　　　　——11 KW 电机壳　　　　　　　136 200

43. 借：营业税金及附加　　　　　　　　　　　　 1 500
　　　　贷：应交税费——应交城建税　　　　　　　　 1 500

44. 借：银行存款　　　　　　　　　　　　　　　13 000
　　　　贷：应收账款——上海电机厂　　　　　　　　 13 000

45. 借：主营业务收入——18.6 KW 电机壳　　　867 200
　　　　　　　　　——11 KW 电机壳　　　　672 000
　　　　其他业务收入　　　　　　　　　　　　1 760
　　　　营业外收入　　　　　　　　　　　　　6 900
　　　贷：本年利润　　　　　　　　　　　　　　　　1 547 860

46. 借：本年利润　　　　　　　　　　　　　657 346.80
　　　贷：主营业务成本　　　　　　　　　　　　565 200.00
　　　　　营业税金及附加　　　　　　　　　　　1 500.00
　　　　　其他业务成本　　　　　　　　　　　　1 600.00
　　　　　管理费用　　　　　　　　　　　　　47 386.80
　　　　　销售费用　　　　　　　　　　　　　38 560.00
　　　　　财务费用　　　　　　　　　　　　　2 100.00
　　　　　营业外支出　　　　　　　　　　　　1 000.00

47. 本年利润＝1 547 860－657 346.8＝890 513.2(元)
　　所得税费用＝890 513.2×25％＝222 628.3(元)
　　借：所得税费用　　　　　　　　　　　　222 628.30
　　　贷：应交税费——应交所得税　　　　　　　222 628.30
　　借：本年利润　　　　　　　　　　　　　222 628.30
　　　贷：所得税费用　　　　　　　　　　　　　222 628.30